Extrait de la *Revue du Monde Catholique*, Mai, Juin et Juillet 1893

UN
CARDINAL
HISTORIEN DE LA PHILOSOPHIE

PAR

F. GARILHE

TOURS
IMPRIMERIE E. SOUDÉE
RUE RICHELIEU

1893

UN

CARDINAL

HISTORIEN DE LA PHILOSOPHIE

DU MÊME AUTEUR

L'Étude de l'Histoire de la philosophie en Allemagne et en France, gr. in-8° de 64 pages.

Un Prétendu Nouveau Mysticisme, gr. in-8° de 24 pages.

La Révocation de l'Édit de Nantes et quelques lois récentes, gr. in-8° de 16 pages.

Extrait de la *Revue du Monde Catholique*, mai et juin 1893.

UN
CARDINAL
HISTORIEN DE LA PHILOSOPHIE

PAR

F. GARILHE

BRUXELLES
IMPRIMERIE ALFRED VROMANT & Cie
3, RUE DE LA CHAPELLE, 3

1893

UN CARDINAL

HISTORIEN DE LA PHILOSOPHIE [1]

Un précédent article [2] a fait ressortir l'utilité de l'étude de l'histoire de la philosophie.

Il aurait été facile de la démontrer, en dehors des arguments donnés, à l'aide de témoignages d'une haute autorité.

Le cardinal Gonzalez, en particulier, s'était déjà plu à la reconnaître et à la proclamer.

Il a fait mieux encore : comme pour ne laisser aucun doute à cet égard, il a composé et publié, en quatre volumes, une *Histoire de la Philosophie* [3].

Son œuvre, aujourd'hui entièrement traduite en français, n'est pas un hommage banal rendu à notre commune thèse.

Peut-être ne déplaira-t-il pas aux lecteurs de la *Revue du Monde catholique* d'être mis en mesure d'en juger.

I

Un professeur se fait facilement illusion sur l'objet de son enseignement. Il lui est difficile de ne pas s'en exagérer l'importance.

---

(1) Son Éminence le cardinal Gonzalez, archevêque de Séville.
(2) *L'Étude de l'Histoire de la philosophie en Allemagne et en France*, Revue du Monde catholique, 1er janvier et 1er février 1891.
(3) *Histoire de la philosophie*, par Son Eminence le cardinal Gonzalez, archevêque de Séville, traduite de l'espagnol par le R. P. G. de Pascal, missionnaire apostolique, docteur en théologie, 4 vol. in-8°, P. Lethielleux, éditeur.

Il en fait le sujet habituel de ses pensées et de ses méditations. Son esprit en est même sans cesse préoccupé. Au contraire, il se détache peu à peu des autres sciences. Il en arrive en peu de temps à ne plus leur rendre justice. C'est tout au plus s'il leur reconnaît une valeur relative et secondaire. Il les perd plus ou moins de vue, s'il ne leur devient pas complètement étranger. Il est souvent l'homme, non pas d'un seul livre, mais d'une seule branche du savoir humain, et l'excellence lui en paraît d'autant plus grande qu'il a à en convaincre chaque année un nouvel auditoire.

Aussi n'est-on pas surpris de lui voir publier un ouvrage sur les matières qu'il enseigne. Le fait en lui-même semble tout simple et tout naturel. Il n'a rien d'extraordinaire et il se produit tous les jours. Nul ne songe à en tirer des conséquences exceptionnelles. Chacun juge l'œuvre uniquement d'après son mérite intrinsèque.

Il n'en est plus de même si l'auteur est revêtu d'une haute dignité ou remplit de hautes fonctions dans l'Église ou dans l'État.

Son livre prend de cette circonstance une importance particulière. Il est par là même un événement. Tout le monde veut le connaître. On le commente, on le loue ou on le dénigre à l'avance. Souvent on s'inquiète peu de la valeur de l'œuvre en elle-même : on en détermine la portée d'après la situation personnelle de l'auteur.

C'est ainsi que les circonstances ont servi l'ouvrage du cardinal Gonzalez.

S'ils avaient été publiés pendant les années de son professorat, ses quatre volumes sur l'histoire de la philosophie, sans être inférieurs sur aucun point, n'auraient pas eu pour le public la même importance. Ils ne seraient certes pas passés inaperçus, mais ils auraient moins attiré l'attention, ils n'auraient excité aucune surprise, et ils auraient été simplement accueillis avec les égards dus à une œuvre de mérite.

Plus tard, au contraire, après plusieurs années d'épiscopat de l'auteur, leur apparition ne pouvait pas ne pas causer un véritable étonnement et ne pas provoquer une curiosité sympathique.

Ce n'est pas, en effet, un spectacle ordinaire de voir, au milieu des graves préoccupations inséparables de l'administration d'un vaste diocèse, un archevêque, appelé à revêtir demain la pourpre cardinalice, profiter de ses rares loisirs pour écrire un grand ouvrage de pure science.

L'hommage rendu à l'histoire de la philosophie par le seul fait de la publication de l'œuvre du cardinal Gonzalez, a, dès lors, une portée singulière : le caractère et la situation de l'auteur la lui donnent.

Il a aussi pour lui, non seulement de venir de haut, mais encore de n'être le résultat ni d'une surprise, ni d'un entraînement professionnel, ni d'un engouement passager et frivole.

L'histoire de la philosophie n'était pas une chose nouvelle pour le cardinal Gonzalez. Il la connaissait depuis de longues années. Sa vie, consacrée à l'enseignement supérieur, s'était passée, en grande partie, dans l'étude des divers philosophes. Il avait réellement vécu dans un commerce intime avec eux. La lecture habituelle de leurs œuvres l'avait familiarisé avec leurs doctrines. Il s'était tenu, avec un soin jaloux, au courant des travaux publiés de nos jours sur leurs systèmes. Il n'ignorait, pour ainsi dire, rien de ce qui avait paru sur ce sujet en Allemagne, en Angleterre et en France. Il n'a donc pas cédé, en écrivant son livre, à l'influence d'un caprice soudain et irrésistible.

D'un autre côté, l'enthousiasme du professeur avait déjà eu le temps de se calmer. Le commerce des hommes avait dû corriger chez lui l'exagération de toute pensée solitaire et de tout savoir purement *livresque*. La pratique des affaires lui avait donné sans doute un sentiment plus juste des réalités. L'expérience de la vie, en un mot, lui permettait désormais de mieux juger encore des personnes, des choses, des systèmes et des doctrines.

Rien, d'ailleurs, en cette circonstance, n'a été fait à légère. Une sage et lente réflexion a présidé à tout. L'entreprise a été longuement préméditée. Les motifs pour et contre ont été soigneusement examinés, pesés, comparés. La détermination a été prise en toute connaissance de cause. Le projet était préparé de longue main et sagement mûri. Tout a émané d'un esprit d'une rare clairvoyance et d'une compétence exceptionnelle en la matière. Si l'*Histoire de la philosophie* a été composée et publiée au milieu des labeurs de l'épiscopat (1), c'est bien parce qu'une œuvre de ce genre paraissait désirable, utile, nécessaire.

L'auteur s'est fait, il faut le reconnaître, une haute idée de sa tâche. Il en proclame la grandeur et l'importance. Il ne néglige rien pour nous prévenir en sa faveur. Il ne dissimule pas, en par-

---

(1) Cfr. Cardinal Gonzalez : *Histoire de la philosophie*. Préface de l'auteur, t. I, p. xxviii,

ticulier, en quelle estime il tient tout ce qui peut ou doit la relever à nos yeux. Il a, pour ainsi dire, à cœur de détruire les préventions contraires. Nous en avons une preuve dans ses théories sur la raison, sur la philosophie et sur son histoire.

La mode était, il y a quelques années, de médire de la raison. C'était à qui lui jetterait la pierre. On se plaisait à faire ressortir sa faiblesse. Plus on la rabaissait, plus on croyait grandir la foi. Aussi ne craignait-on pas de l'accuser d'impuissance. Elle ne pouvait, disait-on, nous donner aucune lumière. Elle était, tout au plus, bonne à nous égarer par ses fausses lueurs. Dans l'aveuglement du parti pris, on la chargeait de toutes sortes de méfaits, et on la rendait responsable de toutes les erreurs humaines. Ainsi Lucrèce imputait jadis tous les crimes au sentiment religieux (1) !

Le cardinal Gonzalez n'a point cédé à cet entraînement plus ou moins général. Il s'est gardé de ce travers plus ou moins répandu, à un certain moment, dans le monde des théologiens. La raison ne lui paraît ni une vaine ni une funeste faculté. Il la voit telle qu'elle est, dans sa faiblesse et dans sa puissance. Il s'efforce de lui rendre constamment justice. Elle est pour lui un principe inné de progrès, une force essentiellement progressive (2). Il en constate avec intérêt le premier éveil, il en suit avec plaisir le développement graduel, il en contemple avec bonheur le plein épanouissement.

La philosophie n'est que la raison prenant conscience d'elle-même par l'exercice régulier de ses facultés naturelles. L'amour de l'une ne peut dès lors aller sans l'estime de l'autre. L'impuissance de celle-ci entraîne la ruine de celle-là. Pour qui la proclame ou l'admet, philosopher est un non-sens ou une folie. Vouloir être philosophe dans ces conditions, c'est prétendre se soutenir et marcher sans appui dans le vide de l'air. Il y a là un acte de démence dont le résultat est une chute mortelle. Plus même l'on s'élèverait haut avec un secours étranger, plus la mort serait inévitable. On aboutirait fatalement au suicide de l'intelligence sous une double forme : l'illuminisme ou le scepticisme.

Ce danger n'existe point pour le cardinal Gonzalez. Pour lui, la

---

(1) *Tantum Relligio potuit suadere malorum!* Lucrèce, *De Natura rerum*, I, 90. Le poète révèle, exprime et résume dans ce vers la pensée inspiratrice de son poème.

(2) Cardinal Gonzalez, *Histoire de la philosophie*, Préface de l'auteur, t. I., p. xii et xii

philosophie est la recherche réfléchie et rationnelle de la vérité (1). Il ne la juge ni vaine ni stérile. Elle a, au contraire, à son avis, une véritable et féconde vitalité. Les systèmes philosophiques laisseraient, à l'en croire, des traces plus ou moins profondes, mais réelles, dans l'esprit humain et dans la société. Leur influence se ferait sentir longtemps après leur chute. Elle s'exercerait même après leur complet abandon. Ils concourraient tous, quoique dans une mesure inégale, à la marche en avant de l'humanité (2).

Leur histoire n'est, dès lors, ni sans intérêt ni sans importance. Elle n'est pas simplement, comme pour les détracteurs de la raison, un amas de contradictions et d'erreurs : elle est encore et surtout le tableau des progrès de la pensée humaine (3). Elle nous fait connaître, dans leur ordre successif, les opinions des hommes sur Dieu, sur le monde, sur eux-mêmes. Mais les idées ne sont pas sans action sur notre conduite. Elles ont une influence réelle sur nos actes. Si elles ne nous déterminent point par elles-mêmes, comme le prétendent des théories récentes, elles ne sont pas étrangères à nos résolutions. Un jour vient où, tout en restant libres, nous leur obéissons. Nos actes, dit le cardinal Gonzalez, naissent de nos convictions, et les faits sont les résultats des idées (4).

La pensée mène, en effet, le monde. Les peuples et les individus sont soumis à son empire. Toute conversion individuelle a sa raison d'être dans un nouvel état d'esprit ou de cœur. Toute révolution sociale a sa cause dans une grande idée. L'histoire des peuples et des individus répond aux évolutions de la pensée humaine dans les masses ou chez les particuliers. Or, le rôle du philosophe est précisément de concevoir des idées nouvelles ; de faire regarder peu à peu comme possible et enfin accepter par la foule moutonnière, inintelligente et passionnée, le nouvel idéal conçu, et de provoquer et de rendre explicables ainsi les révolutions intellectuelles, morales et sociales (5).

L'histoire de la philosophie est de la sorte, à proprement parler, l'histoire même des causes de la civilisation. Elle a sur l'histoire

---

(1) Cardinal Gonzalez, *Histoire de la philosophie*, *Préface* de l'auteur, p. v et vii.
 (2) *Id.*, *ibid.*, p. xi.
 (3) *Id.*, *ibid.*, t. I, p. x.
 (4) *Id.*, *ibid.*, t. I, p. xiii et xiv.
 (5) *Id.*, *ibid.*, p. xi et xii.

extérieure des peuples la supériorité de la pensée sur l'acte matériel, de l'idée sur le fait (1).

Une œuvre, comme celle du cardinal Gonzalez, conçue dans cet esprit, est déjà, à raison même de la haute situation et de la rare compétence de son auteur, un hommage ni banal ni sans portée rendu à l'histoire de la philosophie. Son mérite intrinsèque en augmente encore la valeur et le poids.

II

L'histoire de la philosophie est, chez le cardinal Gonzalez, l'histoire de la pensée humaine (2).

Elle expose les systèmes rationnels sur Dieu, sur l'homme et sur le monde (3).

Elle ne connaît les limites ni du temps ni de l'espace : elle s'étend à tous les siècles et à tous les pays, et résume les doctrines de tous les peuples et de toutes les écoles (4).

Elle ne pourrait, en effet, se renfermer dans la Grèce ou dans les époques les plus récentes, sans laisser ignorer en partie le passé de l'esprit humain.

Aussi, tout en faisant une très large part à la philosophie grecque (5) ou moderne (6), elle ne néglige la philosophie ni de l'Orient (7), ni des premiers siècles de l'Église (8), ni du moyen âge (9), ni de la Renaissance (10).

Elle nous fait connaître successivement les théories philosophiques de l'Inde, de la Chine, de la Perse, de l'Égypte et de la Judée (11).

Grâce à elle, le brahmanisme, le bouddhisme, le mazdéisme, n'auront plus guère de secrets pour nous (12).

(1) Cardinal Gonzalez, *Histoire de la philosophie*, Préface de l'auteur, p. XIII, XIV, XVIII, XIX.
(2) *Id., ibid.*, p. XIV.
(3) *Id., ibid.*, p. XXII, 5 et 7.
(4) *Id., ibid.*, p. XXV et 9.
(5) *Id., ibid.*, t. I, p. 97-546.
(6) *Id., ibid.*, t. III, p. 155-486 ; t. IV tout entier.
(7) *Id., ibid.*, t. I, p. 17-97.
(8) *Id., ibid.*, t. II, p. 1-95.
(9) *Id., ibid.*, t. II, p. 96-533.
(10) *Id., ibid.*, t. III, p. 1-154.
(11) *Id., ibid.*, t. I, p. 17-92.
(12) *Id., ibid.*, t. I, p. 17-72.

Il nous est loisible de nous familiariser, dans sa lecture, avec le nom, la vie et les détails de l'enseignement de Djbiminù, de Vyâsa, de Gotanna, de Kanada, de Patandjali, de Kapila, de Çakya-Mouni, de Lao-Tseu, de Confucius, de Tchou-Li et de Zoroastre (1).

Nous avons en elle un moyen facile et agréable de sortir de l'ignorance plus ou moins grande dans laquelle nous sommes de la philosophie arabe (2) ou de la philosophie juive du moyen âge (3).

Elle nous permet, enfin, de nous rendre compte de la nature et de l'importance du mouvement philosophique du XVIe siècle (4).

En un mot, elle ne passe sous silence ni ne se borne à signaler sommairement aucun fait important de l'histoire de la pensée humaine.

L'auteur ne se contente pas, au reste, d'exposer les systèmes : il les discute et les juge ; il détermine leur part de vérité et d'erreur ; il se prononce sur leur valeur intrinsèque et sur leur valeur relative (5) ; il les étudie en eux-mêmes et dans leurs rapports les uns avec les autres (6) ; il indique les progrès accomplis de celui-ci à celui-là (7) ; bien plus, il se plaît à relever des analogies entre les théories anciennes et les théories modernes (8).

Ainsi il donne dans l'ancienne Grèce, des précurseurs aux philosophes de ce siècle réputés les plus originaux.

Kant, par exemple, compterait des ancêtres dans Gorgias, dans Socrate, dans Platon et dans les deux Zénon (9).

Gorgias aurait établi avant lui une séparation absolue entre l'ordre idéal et l'ordre réel, entre la perception et l'objet, entre l'ordre subjectif et l'ordre objectif (10). Le monde sensible n'avait

---

(1) Cardinal Gonzalez : *Histoire de la philosophie*, t. I, p. 27-72.
(2) *Id., ibid.*, t. II, p. 447-498.
(3) *Id., ibid.*, t. II, p. 499-533.
(4) *Id., ibid.*, t. III, p. 1-154.
(5) *Id., ibid.*, t. I, p. 13, 49, 67, 121, 157, 169, 188, 213, 226, 264, 325, 339, 361, 380, 463, 473, 512, 540, et dans chaque volume après l'exposition de chaque système ou de la doctrine de chaque philosophe ou de chaque école.
(6) *Id., ibid.*, t. I, p. XXII *et passim*.
(7) *Id., ibid., passim*.
(8) *Id., ibid., passim*.
(9) *Id., ibid.*, t. I, p. 189, 190, 210, 269, 270, 159, 362.
(10) Cardinal Gonzalez : *Histoire de la philosophie*, t. I, 189, 190 ; et t. III, p. 431 et sqq.

même, à ses yeux, rien d'objectif et de réel : il était simplement une apparence phénoménale (1).

Socrate avait reconnu dans la raison pratique et la loi morale l'unique critérium pour atteindre la réalité objective et l'existence de Dieu (2).

Déjà, pour Platon, les sens ne percevaient pas la réalité objective des corps ; ils saisissaient seulement les phénomènes du monde extérieur ; les idées ne dépendaient point des sensations ; la connaissance intellectuelle s'expliquait, sinon par les formes de notre esprit, du moins par quelque chose d'à peu près identique : par les idées innées (3).

Les contradictions relevées par Zénon d'Élée contre la pluralité des êtres, contre la véracité des sens, contre la réalité de l'espace et surtout contre l'existence du mouvement, ne ressembleraient pas peu aux fameuses *antinomies cosmologiques* (4).

Les impératifs catégoriques ne seraient pas non plus sans affinité, pour ne rien dire de plus, avec l'autonomie absolue attribuée par Zénon de Cittium à la raison individuelle, règle unique, mesure et source de la vertu (5).

Enfin, le stoïcisme aurait, de longs siècles avant Kant et Krause, recommandé de pratiquer le bien pour lui-même (6).

D'un autre côté, le subjectivisme idéaliste de Fichte répondrait au subjectivisme sensualiste de Protagoras (7)

Pour Fichte, en effet, la pensée est la mesure et la cause de la réalité objective du *non-moi*, et le *non-moi* n'existe qu'autant qu'il est pensé et posé par le moi (8) ; pour Protagoras, la perception des sens, le *moi sensitif*, pose, détermine et règle la réalité (9).

Les Eléates, à leur tour, auraient devancé Fichte, Schelling et Hégel.

Ils ont affirmé avant Fichte, avec Parménide, l'identité de la pensée et de l'être (10).

---

(1) Cardinal Gonzalez : *Histoire de la philosophie*, t. I, p. 186-189.
(2) *Id., ibid.*, t. I, p. 210 ; t. III, p. 446, 447, 456.
(3) *Id., ibid.*, t. I, p. 269, 270 ; t. III, p. 438 et sqq.
(4) *Id., ibid.*, t. I, p. 159 ; t. III, p. 449 et sqq.
(5) *Id., ibid.*, t. I, p. 355 sqq ; t. III, p. 453 et sqq.
(6) *Id., ibid.*, t. I, p. 362 ; t. IV, p. 97.
(7) *Id., ibid.*, t. I, p. 185-189 ; t. IV, p. 7-14.
(8) *Id., ibid.*, t. IV, p. 9-12.
(9) *Id., ibid.*, t. I, p. 185-189.
(10) *Id., ibid.*, t. I, p. 153.

Ils auraient fait de l'être unique un être pur et abstrait, réel quoique sans attributs et sans déterminations, analogue de tous points, pour ainsi dire, à l'*Idée* d'Hégel à son état initial, et plus encore peut-être à l'*Absolu* indifférent de Schelling (1).

Le feu ou l'éther serait pour eux, avec Héraclite, le principe, le moyen et la fin des choses.

Tous les êtres en procéderaient par suite de transformations successives, universelles, fatales, soumises à la loi inéluctable du *Destin*. Et, sous l'influence de deux courants contraires, — tendant à transformer, l'un, l'éther en nature terrestre ; l'autre, la matière terrestre en feu éthéré, — le bien et le mal, la vie et la mort, l'être et le non-être s'identifient dans l'harmonie universelle (2).

De même, pour Hégel, l'Idée est à la fois le principe, la loi et le terme de l'être. Son développement constitue l'origine, la réalité, l'essence de toutes choses. Elle se détermine progressivement, suivant la loi *dialectique*, loi nécessaire, immuable et fixe. Son moment initial, sa première détermination, c'est l'être pur et abstrait, identique au néant, au *non-être*. Mais l'être et le néant se contredisent. Or, à raison et en vertu de cette contradiction immédiate, ils se résolvent dans un troisième terme, le *fieri*, le *devenir*, première réalité concrète dans laquelle le néant se transforme en l'être, son contraire (3).

Les Stoïciens, en enseignant que rien n'existe sans son contraire, auraient aussi préludé à l'école hégélienne (4).

Les systèmes de Lamarck et de Darwin rappelleraient ceux d'Anaximandre et d'Empédocle, — sans parler de celui d'Aristote — sur l'origine et sur le développement de la vie dans les plantes et dans les animaux (5).

Hobbes et ses disciples les plus récents se borneraient à répéter les dires d'Archélaüs de Milet sur l'origine des hommes, sur la fondation des villes, sur la création des arts, sur l'établissement des lois, sur la nature du juste et de l'injuste (6).

Pour Démocrite, comme plus tard pour Locke et pour Kant, les sens ne nous disent rien des propriétés des corps. Les sensations

---

(1) Cardinal Gonzalez : *Histoire de la philosophie*, t. I, p. 158.
(2) *Id., ibid.*, t. I, p. 120-122.
(3) *Id., ibid.*, t. I, p. 120-122 ; et t. IV, p. 46 et sqq.
(4) *Id., ibid.*, t. I, p. 354.
(5) *Id., ibid.*, t. I, p. 113, 177, 178.
(6) *Id., ibid.*, t. I, p. 131 ; et t. III, p. 179, 180, 181, 182.

sont de pures modifications de notre être. Elles ne répondent à aucune qualité des substances matérielles. Le chaud, le froid, l'amer, le doux, sont des phénomènes purement subjectifs : ils n'ont aucune réalité objective (1).

Et l'on pourrait encore rapprocher les théories stoïciennes ou épicuriennes de la connaissance avec celles de Hume et de Stuart Mill ou de Condillac (2).

Ces rapprochements, pour le moins ingénieux, pourraient être multipliés. Ils ne sont certes pas sans intérêt. L'esprit éprouve même un véritable plaisir à les lire.

Ils ne sont pas faits, d'ailleurs, comme on serait peut-être tenté de le supposer, en vue de dénigrer l'esprit humain. Ils n'ont nullement pour but de donner lieu de croire à un cercle d'erreurs dans lequel il tournerait indéfiniment.

Tout au contraire, — et c'est là une de ses particularités les plus intéressantes et les plus dignes d'attention, — l'œuvre du cardinal Gonzalez est l'histoire des progrès de la pensée humaine (3).

III

Elle note, en effet, la marche naturelle et graduelle de notre raison.

L'homme, comme l'enfant, est d'abord porté vers le monde extérieur. Les réalités sensibles sont les premières à attirer son attention. Il ne se sépare guère d'elles, il les regarde comme faisant plus ou moins partie de lui-même, et il leur prête sa vie, ses pensées et ses sentiments. Il croit qu'elles éprouvent ce qu'il sent. Il s'imagine qu'elles partagent ses espérances, ses craintes, ses plaisirs, ses peines, ses joies et ses tristesses. Elles l'absorbent seules, au reste, pendant longtemps. Il s'efforce de les reconnaître et de s'en rendre compte. Peu à peu, il se détache du reste des êtres, il se voit distinct d'eux et éprouve le désir et le besoin de s'étudier lui-même. Puis, il s'occupe de sa cause et de celle du monde (4).

(1) Cardinal Gonzalez : *Histoire de la philosophie*, t. I, p. 168.
(2) *Id., ibid.*, t. I, p. 348.
(3) *Id., ibid.*, t. I, p. x.
(4) *Id., ibid.* t. I, p. 193.

Il en a été ainsi, en particulier, chez les Grecs.

Les philosophes de la Grèce s'occupèrent d'abord du monde extérieur, ensuite de l'homme, enfin de Dieu (1).

L'histoire de leurs doctrines est naturellement divisée, par suite, en trois périodes : anté-socratique, socratique et alexandrine.

Chacune d'elles est caractérisée de la sorte par son objet et aussi par sa méthode (2). Car l'observation sensible et extérieure prédomine dans la première ; l'observation psychologique et la réflexion rationnelle ont la plus large part dans la seconde ; l'intuition intellectuelle du mysticisme occupe le premier rang dans la troisième (3).

Et chaque période aura eu ses progrès.

La première, par exemple, si elle s'occupa presque exclusivement de la réalité extérieure, n'en posa ni n'en résolut toujours de même le problème (4).

Si les Ioniens cherchèrent à expliquer le *comment* de l'existence des choses, les Eléates s'efforcèrent d'en découvrir le *pourquoi* (5).

L'école ionienne s'était renfermée dans l'étude du monde extérieur. Elle n'était point sortie du matériel, du sensible, du contingent. Ni l'homme, ni Dieu, ni la morale ne fixèrent jamais son attention (6).

L'école italique transporta le problème cosmologique du terrain purement matériel sur le terrain mathématique (7).

Elle lui donna un aspect plus rationnel et plus profond, un mode d'être plus universel et plus scientifique (8).

Avec elle, l'idée pénétra dans la philosophie. L'homme ne resta plus entièrement étranger à la psychologie, à la morale, à la théodicée (9).

Toutes les écoles s'étaient préoccupées uniquement de l'objet de la connaissance ; aucune n'avait songé à en considérer le sujet ; personne n'en avait mis en doute la valeur. On n'avait discuté ni le témoignage des sens ni les théories de la raison (10).

(1) Cardinal Gonzalez : *Histoire de la philosophie*, t. I, p. 104.
(2) *Id., ibid.* t. I. p. 105.
(3) *Id., ibid.* t. I, p. 105.
(4) *Id., ibid.* t. I, p. 107, 197, 198, 199, 200, 201 et *passim*.
(5) *Id., ibid.* t. I, p. 151.
(6) *Id., ibid.* t. I, p. 133.
(7) *Id., ibid.* t. I, p. 134.
(8) *Id., ibid.* t. I. p. 134.
(9) *Id., ibid.* t. I, p. 198.
(10) *Id., ibid.* t. I, p. 123.

La théorie d'Héraclite sur le changement des êtres supposait, il est vrai, et établissait une distinction profonde entre la perception sensible et la perception rationnelle, entre la sensation et la raison, et, par conséquent, entre l'apparence et la réalité, entre le *phénomène* et le *noumène*. Elle posait implicitement le problème critique. Mais nul n'avait su l'y voir ni l'en dégager (1).

Il était réservé aux Sophistes de changer l'état des choses.

L'élément subjectif s'introduisit avec eux dans la philosophie spéculative (2).

Ils distinguèrent et séparèrent les uns des autres le sujet et l'objet, la chose réelle et la faculté de connaître (3).

Ils commencèrent un mouvement de retour de l'objet au sujet (4).

La pensée, sans négliger le monde extérieur, se replia désormais sur elle-même. Le monde intérieur attira et fixa depuis lors son attention (5).

En même temps, la valeur de la connaissance humaine était contestée. La science était déclarée impossible. La réalité ou n'existait pas ou nous échappait. L'homme en serait réduit à avoir de simples opinions. Il serait condamné à ne connaître que des apparences. Bien plus, il était proclamé la mesure des choses. Tout devenait pour lui relatif ou même subjectif (6).

Les Sophistes avaient ainsi le mérite de poser, sinon de résoudre le problème critique.

Et ce n'est point le seul progrès dont la philosophie leur soit redevable.

Jusqu'à eux la langue philosophique avait été obscure. Les philosophes s'étaient, en quelque sorte, obstinés à se servir des anciens termes poétiques. Plus d'un d'entre eux avait même exposé ses théories en vers. Ils employaient, en général, des expressions vagues, mal définies, peu précises. Quelques-uns recouraient encore à des allégories ou à des métaphores d'une signification incertaine, douteuse. Ils semblaient craindre d'être clairs et d'être compris.

(1) Cardinal Gonzalez : *Histoire de la philosophie*, t. I, p. 123 et 199.
(2) *Id.*, *ibid.* t. I, p. 194.
(3) *Id.*, *ibid.* t. I, p. 193.
(4) *Id.*, *ibid.* t. I, p. 193.
(5) *Id.*, *ibid.* t. I, p. 193 et 199.
(6) *Id.*, *ibid.* t. I, p. 189, 199.

L'obscurité de leur langage nuisait, du moins, à la clarté de leurs idées (1).

Les Sophistes rompirent avec ces traditions. Ils brisèrent avec la poésie, s'exprimèrent en prose et se servirent de termes clairs et précis (2).

Et ainsi apparaissent, dans la première période de l'histoire de la philosophie grecque, la marche en avant et la force progressive de la raison humaine.

Il serait non moins facile de les faire ressortir avec Socrate, Platon et Aristote (3).

Mais les théories de ces trois philosophes sont connues. Chacun a été plus ou moins familiarisé avec elles dès le collège. Il serait superflu de les rappeler (4).

Il est, au contraire, une partie de l'histoire de la philosophie à laquelle nous sommes restés étrangers. On ne s'en occupe pas dans les études classiques. L'enseignement n'en est pas obligatoire d'après les programmes. Elle a pour nous, cependant, un intérêt particulier : elle se rattache plus particulièrement à l'histoire de nos croyances religieuses. Il s'agit de la philosophie chrétienne chez les Pères de l'Église.

Nous nous imaginons peut-être la connaître, mais notre ignorance, pour être de bonne foi, n'en est pas moins réelle.

Aussi ne me semble-t-il pas inutile ni hors de propos de montrer dans cette philosophie, d'après le cardinal Gonzalez, la loi de progrès déjà constatée dans la philosophie païenne.

Et il est peut-être d'autant plus opportun de le faire, que cette théorie va à l'encontre de certains préjugés, et que, pour plus d'un esprit, tout ce qui, de près ou de loin, se rattache à la doctrine catholique, ne doit rien ni au temps ni aux circonstances, et est condamnée à l'immobilité.

---

(1) Cardinal Gonzalez : *Histoire de la philosophie*, t. I, p. 195.
(2) *Id., ibid.* t. I, p. 195.
(3) *Id., ibid.* t. I, p. 270 et 271.
(4) Cfr., *de l'Étude de l'histoire de la philosophie*, Revue du Monde catholique, 1er février 1891. — Pour le cardinal Gonzalez, le stoïcisme constitue à son tour un véritable progrès dans la philosophie païenne, t. I, p. 227, et l'épicurisme lui-même est un progrès sur Démocrite, t. I, p. 383, et sur les Cyrénaïques, t. I, p. 381.

IV

Sans doute, la doctrine catholique n'a point, comme ses adversaires le prétendent, une origine humaine. Ses dogmes ne sont pas, comme on s'est plu à le dire, l'œuvre exclusive du temps et des hommes. Ils n'ont nullement été inventés peu à peu dans la suite des siècles. Les dates citées comme celles de leur création sont simplement celles où l'Église les a définis et imposés à la foi des fidèles.

C'est dire qu'ils n'ont pas non plus tous été fixés ni enseignés en termes formels dès le premiers jours du christianisme.

Et, en effet, les apôtres se bornaient à reproduire l'enseignement de leur Maître. Ils ne l'avaient pas reçu, à son école, sous une forme scientifique. Une circonstance quelconque fournissait la matière d'une leçon, si toutefois ce terme n'est pas trop ambitieux (1). Le Maître invoquait souvent l'autorité des saintes Ecritures (2). Parfois aussi il parlait en son nom personnel, en homme autorisé, en envoyé du Ciel, en Dieu (3). Il se plaisait encore à convaincre son auditoire, sans recourir aux procédés aristotéliciens, par des raisons tirées de l'ordre naturel ou, si l'on veut, avec des exemples pris dans la nature (4). Ses démonstrations n'en sont pas moins satisfaisantes, et son enseignement, pour ne pas être scientifique dans sa forme, n'est ni moins élevé, ni moins vrai, ni surtout moins persuasif.

Les Apôtres procédèrent sans doute d'une manière analogue.

En partant pour la conquête morale du monde, ils avaient, outre le souvenir de la parole entendue, la Loi et les Prophètes. Leur mission était de les faire connaître et de les interpréter. Ils avaient

---

(1) Matth., v, viii, ix, xi, etc.; Marc., vii, viii, x, xii; Luc., iv, v, vi, vii, viii, ix, x, xi, xxi; Joan., ii, iii, iv, v, vii, viii, ix.

(2) Matth., v, viii, xii, xiii, xv, xix ; Marc., vii, x ; Luc., xvi; Joan., v, vii, etc.

(3) Matth., v, 20, 23, 26, 28, 32, 34, 39, 44; vi, 29; ix, 6; xxii, 36; xxiii, 10 ; Marc., ii, 10, 11; Joan., v, 19, 36, 37, 38, 43; vi, 39, 47 ; xii, 49; xvi, 16, 17; xx, 21.

(4) Matth., v, 15; vi, 22-30; vii, 3, 9, 13, 15-20, 24-27; viii, 20; ix, 16, 17; xiii, 31, 33; xv, ii, 26; xvi, 2, 3, 4; xxi, 33; Marc., ii, 17, 19, 21, 22; iii, 24, 25, 27; iv, 3-8, 21, 31; vi, 4; xii, 1; xiii, 28; Luc., vi, 41; viii, 4, 16; xi, 5, 34; xii, 16; xiii, 6, 18, 20; xx, 9; Joan, xii, 24; xv, 1; xiv, 28.

reçu, à cet effet, le don des langues. L'assistance de l'Esprit saint leur avait été aussi promise.

Cet Esprit était descendu sur eux d'une manière sensible. Il devait leur enseigner, en temps opportun, toutes choses, et leur donner en particulier l'intelligence des Ecritures.

Mais leur doctrine n'était pas rédigée sous la forme didactique d'un système. C'est tout au plus peut-être si, avant de se séparer, ils en avaient formulé les principaux articles. Elle devait se développer peu à peu sous l'influence des circonstances. Ce développement dure encore. Car si l'enseignement de l'Église est immuable, il n'est pas immobile.

Sans doute, tout ce qui a été une fois imposé à la croyance des fidèles, est à jamais acquis. Aucune puissance ne pourra l'effacer de notre symbole. Tous les catholiques sont désormais tenus à l'admettre.

Un progrès incessant ne se produit pas moins dans leur doctrine. Il est l'œuvre des théologiens, des conciles et des souverains-pontifes.

Ainsi, une certaine évolution s'accomplit insensiblement et incessamment dans l'enseignement des dogmes. On les expose d'une manière différente. On saisit entre eux des rapports jusque-là inaperçus. Les progrès de l'esprit humain contribuent à en donner une intelligence ou une explication moins imparfaites. Les conciles et les papes font de nouvelles définitions dogmatiques.

Le progrès, possible dans le domaine de la foi et dès lors en théologie, l'est, à plus forte raison, en philosophie.

La théologie et la philosophie ne diffèrent pas, pour ainsi dire, par leur objet. Elles ont, en quelque sorte et à certains égards, le même. Elles s'occupent, l'une et l'autre, de Dieu, de l'homme et de leurs rapports. Leurs différences viennent principalement des lumières ou des moyens dont elles disposent.

Aussi, la première est-elle la science des vérités révélées, tandis que la seconde est la science des vérités rationnelles sur Dieu, sur l'homme et sur le monde.

Or, la révélation est un fait accompli. Rien ne peut plus y être ajouté. Il reste seulement à mettre en une plus grande évidence telles ou telles vérités plus ou moins clairement formulées, ou à déduire de leurs principes, déjà posés, des conclusions plus ou moins éloignées ou encore plus ou moins obscures.

La raison ou l'esprit humain, au contraire, est une force. Sa loi est d'agir, de s'exercer, de se développer sans cesse. L'action, loin de l'affaiblir, la sert et la féconde. Son développement est graduel et indéfini. Il se produit peu à peu, augmente de plus en plus, sans arriver jamais à ses dernières bornes. Ses progrès, d'abord lents, s'accélèrent ensuite, et semblent, à de certains moments, ne connaître ni limites ni obstacles. Le domaine de ses connaissances s'étend ainsi de jour en jour. Le champ de ses conquêtes ne cesse de s'élargir. Les découvertes déjà faites lui en facilitent de nouvelles. Les moyens dont elle dispose deviennent, de la sorte, de plus en plus nombreux et efficaces. Ils lui rendent simple et facile ce que nos pères auraient regardé comme impossible à l'homme.

Elle ne se développe pas, d'ailleurs, dans un seul sens et ne progresse pas dans une science unique.

Toutes les branches du savoir humain se correspondent. Il y a entre elles des liens mystérieux. Les progrès accomplis dans l'une servent à en faire dans les autres.

Ainsi la théologie elle-même bénéficie des découvertes de la science moderne.

Les conquêtes de la philologie sont loin de lui être inutiles.

Elles ont amené plus d'un des professeurs de nos instituts catholiques à reconnaître dans la *Genèse* des éléments d'origine diverse (1).

Elles nous permettent de mieux comprendre et d'interpréter sainement plusieurs de nos textes sacrés.

Car la *Vulgate* n'est pas une traduction parfaite. Elle n'est pas de tous points irréprochable. Elle est défectueuse en plus d'un endroit (2). Notre méconnaissance de l'hébreu la rend plus d'une

---

(1) Cfr. *Etude critique sur la composition de la Genèse*, par P. Julian, docteur en théologie. (chap. XVI et chap. XVII, page 256 et sqq. de l'édition d'Aubenas). Cette thèse de doctorat, publiée avec l'*imprimatur* de Mgr Bonnet, évêque de Viviers, a été soutenue en 1888 devant la Faculté catholique de Lyon. — Cfr. Bacuez et Vigouroux, prêtres de Saint-Sulpice, *Manuel Biblique*, 4ᵉ édition, t. I, p. 339.

(2) « Le Concile de Trente, en déclarant la *Vulgate* authentique, n'a pas entendu décréter sa parfaite conformité avec le texte original. » P. Julian, *Etude critique sur la composition de la Genèse*, p. 39. — Cfr. Francelin, *Tractatus de divina, Traditione et scriptura*, ed. alt. — *De divinis scripturis*, sectio III, chap. XIX. Aussi, quoi que prétende M. Pédézert, professeur honoraire de la Faculté de théologie protestante de Montauban (*Le Témoignage des pères*, 1892, p. 65), « S. Jérôme, s'il avait été présent au Concile de Trente, n'aurait pas protesté contre la décision des infaillibles pères. »

fois inintelligible. Il est même des passages habituellement cités à contre-sens (1). M. l'abbé Vigouroux, prêtre de Saint-Sulpice, a su profiter des travaux philologiques de nos contemporains pour rectifier un certain nombre de textes et pour en donner le sens naturel véritable, réel (2).

Il a trouvé de même, dans les découvertes les plus récentes de l'archéologie, le moyen d'expliquer plus d'un terme obscur, et des témoignages nombreux et concluants en faveur des récits de la Bible (3).

La philosophie ne saurait être moins bien partagée. Il n'y a pas lieu de l'exclure du bénéfice d'un développement quelconque de l'esprit humain. Il y a, au contraire, des raisons spéciales pour l'y admettre.

Sans doute, elle n'est pas, comme quelques-uns le prétendent, la synthèse de toutes les sciences. Mais elle n'est pas non plus une science isolée. Il n'y a pas entre elle et les autres un mur infranchissable. Elle leur est même intimement unie. Ses progrès sont, en quelque sorte, subordonnés aux leurs. Toutes la servent, du moins dans une certaine mesure.

Aussi suppose-t-elle une culture intellectuelle générale. Nul ne peut y prétendre, s'il se cantonne systématiquement dans son étude exclusive. S'il ne peut avoir la science universelle, il faut, au moins, qu'un philosophe ait *des clartés de tout*.

C'est ce que l'on semble avoir compris de bonne heure.

On a d'abord, en effet, identifié la science et la philosophie.

Aux Indes Çakya-Mouni fut appelé le *Bouddha*, c'est-à-dire le *savant* (4).

En Grèce, le mot « philosophie » fut, dans les premiers temps, synonyme de « savoir universel (5) ».

Un philosophe ne devait rien ignorer. Aussi Pythagore eut-il à cœur de favoriser, parmi ses disciples, l'étude des diverses sciences (6).

---

(1) Tels sont, entre autres, les passages suivants : « *In meditatione mea exardescit ignis.* » Ps. XXXVIII, 4. « *Ego justitias judicabo.* » Ps. LXXIV, 2. « *Mirabilis Deus in sanctis suis.* » Ps. LXVII, 36. « *Mittamus lignum in panem ejus.* » Jérémie, XI, 19. « *Militia est vita hominis super terram.* » Job. VII, 1. « *Sanabiles Deus fecit nationes.* » Sap. 1, 14.
(2) Cfr. *Manuel Biblique*, de MM. Bacuez et Vigouroux.
(3) Cfr. Vigouroux, *Les Livres saints et la critique rationaliste*.
(4) Cardinal Gonzalez : *Histoire de la philosophie*, t. I, p. 34.
(5) *Id., ibid.*, t. I. p. 3-5.
(6) *Id., ibid.*, t. I, p. 136.

Historiquement, la philosophie grecque naquit des premières recherches scientifiques. Les savants furent amenés peu à peu à en soulever les problèmes et à donner à leurs études un nouvel objet. Ils devinrent à la longue de véritables philosophes, dans le sens attaché aujourd'hui à ce nom.

Il ne cessèrent pas toutefois de mériter d'être appelés savants.

Socrate ne les dispensait pas du savoir qu'il exigeait du politique ou de l'homme d'Etat.

Ses disciples furent des esprits cultivés. Lui-même n'aurait pu émettre sur le Beau tant de vues profondes et originales, s'il n'avait eu la connaissance théorique et pratique de la sculpture.

Platon avait reçu une éducation libérale. Il avait étudié toutes les sciences connues de ses contemporains. Rien ne lui paraissait indigne de son attention. Il l'accorda même aux arts. Il connaissait la musique et avait cultivé la poésie. C'est ce qui lui permit sans doute de décrire en si beaux termes l'inspiration. Il fit graver, dit-on, à la porte de son école : « Que nul n'entre ici, s'il ne connaît la géométrie ». Toutes les doctrines antérieures lui étaient familières. Ce fut pour lui un avantage incontesté sur Socrate, son maître.

L'universalité et la profondeur de son savoir donnèrent à Aristote une grande supériorité sur ses prédécesseurs.

Les grands philosophes des temps modernes eurent tous une haute culture intellectuelle.

Si la philosophie doit quelque reconnaissance à Descartes, à Pascal et à Leibniz, la science ne les rend point.

De nos jours, loin d'isoler le philosophe dans ses études spéciales, on exige de lui un savoir quasi-universel.

Déjà Bossuet ne jugeait ni sa vaste érudition ni son génie suffisants pour lui permettre d'enseigner la philosophie. Pour s'acquitter de cette tâche auprès du Dauphin, son royal élève, il crut avoir encore à étudier les sciences naturelles.

De Maistre ne tenait pas la science pour moins utile au philosophe. Il a désiré, espéré, prévu, annoncé un rajeunissement prochain du christianisme. La condition de cette évolution intellectuelle, religieuse et philosophique serait, pour lui, la réunion de la religion et de la science dans la tête d'un homme de génie (1).

Le Père Gratry, imbu des mêmes idées, s'est efforcé, après Am-

---

(1) *Soirées de Saint-Pétersbourg*, xie entretien.

père, Ballanche et Buchez, de préparer, dans la mesure de ses forces, la réalisation de ce désir et de cette espérance.

L'historien de la philosophie en France au XIX° siècle, regrette, pour le passé, la négligence relative des études scientifiques par l'école spiritualiste (1).

Les écoles rivales ont fait, au contraire, une très large part aux diverses branches du savoir humain.

Il en a été ainsi pour Saint-Simon, héritier, sur ce point, des traditions du XVIII° siècle. Auguste Comte est allé plus loin encore dans cette voie. Enfin, aujourd'hui, plus d'un positiviste voudrait absorber la philosophie dans les sciences.

Et cependant, celles-ci, malgré cette prétention pour le moins excessive, n'ont pas nui et n'ont pas été inutiles à celle-là.

Si Ampère a pu donner sa célèbre classification des sciences, c'est qu'il y avait en lui, avec un véritable philosophe, un savant universel (2).

Les progrès des sciences naturelles ont donné naissance à la théorie de l'évolution, et cette théorie, d'abord suspecte et rejetée, a trouvé grâce, sous certaines réserves, devant le dernier congrès catholique de Paris (1891) (3).

La psychologie a largement profité des découvertes récentes de la physiologie.

La grammaire comparée a permis de mieux poser le problème de l'origine du langage, et a fourni de nouveaux arguments en faveur de l'unité de l'esprit humain et de la spiritualité de l'âme.

Même la connaissance du monde sert le philosophe. Le lettré, le savant, l'homme du monde ne nuisirent pas au philosophe dans M. Caro, et ne contribuèrent pas peu à son incontestable autorité philosophique.

La philosophie n'est donc pas condamnée à rester stationnaire. Elle est, comme les autres sciences, soumise à la loi du progrès. Il

---

(1) Ferraz, *Spiritualisme et libéralisme*, p. 461-462. Ce volume, couronné par l'Académie française, forme avec deux autres : *Traditionalisme et Matérialisme*, couronné par l'Institut, l'*Histoire de la philosophie en France au XIX° siècle*, 3 vol. in-12. Perrin, éditeur.

(2) Ferraz, *Spiritualisme et Libéralisme*, p. 111, 130-135.

(3) Ce résultat fut dû aux instances et à l'argumentation puissante de M. l'abbé Guillemet, dont la haute compétence nous prépare, d'après les dernières observations de la science, un savant travail sur la formation et le développement des êtres.

lui sera toujours possible de poursuivre sa marche en avant. En fait, tout développement de l'esprit humain la sert et lui profite.

Il n'y a pas à faire, sur ce point, d'exceptions pour la philosophie chrétienne.

C'est à elle, au contraire, que doivent, *a priori*, profiter le plus les progrès des sciences.

Ses vérités fondamentales : Dieu, l'âme, la création, la providence, le devoir, la vie future, n'ont rien à craindre de n'importe quelles découvertes scientifiques.

Toute nouvelle lumière obtenue doit contribuer à les mettre en une plus grande évidence. En réalité, elle y a contribué jusqu'à ce jour.

La philosophie chrétienne ne diffère pas essentiellement, en effet, de la philosophie proprement dite.

Elle est, elle aussi, un ensemble de vérités ou de théories rationnelles sur Dieu, sur l'homme, sur le monde (1).

Elle est, comme toute philosophie digne de ce nom, le résultat du mouvement libre et réfléchi de la raison humaine (2).

Aussi ses conclusions pourraient-elles être celles de tout philosophe.

Seulement, elle subit une influence particulière : la raison humaine n'est plus abandonnée à ses propres forces, elle n'est plus isolée dans ses recherches, elle a un appui pour soutenir ses efforts : elle prend pour guide la raison divine, et la science humaine et la science divine conspirent avec elle vers un même but (3).

L'idéal de la philosophie chrétienne implique, dès lors, la marche parallèle, harmonique et relativement indépendante de la raison et de la révélation, de la science philosophique et de la science théologique (4).

Loin d'exclure la loi du progrès, il la suppose et la renferme.

Pas plus que la théologie sous sa forme scientifique, la philosophie chrétienne ne remonte aux premiers jours du christianisme.

L'enseignement des apôtres n'était pas, en général, philosophique, et avait un caractère religieux plutôt que rationnel.

Les vérités qu'ils annonçaient n'étaient pas exposées sous forme de système. Aux juifs, ils montraient les prophéties réalisées dans

---

(1) Cardinal Gonzalez, *Histoire de la philosophie*, t. II, p. 93.
(2) *Id., ibid.*, t. II, p. 50, 93.
(3) *Id., ibid.*, t. II, p. 49, 50, 93.
(4) *Id., ibid.*, t. II, p. 93.

la personne de Jésus-Christ. Aux païens, ils démontraient l'absurdité des croyances polythéistes. Le Dieu qu'ils prêchaient à tous était le Dieu unique de la Bible. Ils enseignaient la création d'après la Genèse. Leur Maître leur avait, à plusieurs reprises, donné des preuves de la providence divine ; il leur avait, en d'autres circonstances, affirmé l'existence de l'âme et sa supériorité sur le corps ; sa prédication avait été celle du devoir et de la vie future. Ses disciples n'eurent qu'à reproduire ses leçons.

Cette forme d'enseignement convenait à leur auditoire, comme à celui de leur Maître.

Ils n'avaient pas souvent des esprits cultivés pour les entendre. Ils s'adressaient rarement à des philosophes ou à des lettrés. Ils allaient habituellement aux gens simples, de condition inférieure, sans culture. Il fallait leur parler, comme on parle à la foule, avec autorité, en envoyés de Dieu.

Leurs auditeurs étaient, au reste, faciles à convaincre. Ils étaient prêts, en quelque sorte, à recevoir la partie naturelle de la doctrine enseignée. La croyance à la divinité, à la providence, à la vie future, était universellement répandue dans les masses populaires. Il n'y avait qu'à en corriger les erreurs polythéistes.

Il suffisait, pour y parvenir, de reproduire les preuves données dans l'Évangile.

Les arguments tirés de la nature devaient être aussi concluants pour le peuple en Grèce, à Rome ou ailleurs, qu'à Jérusalem et en Judée.

C'est peu à peu, au fur et à mesure du développement des esprits et des besoins de la lutte contre le polythéisme, qu'il se forma, dans l'Eglise, des systèmes philosophiques (1).

Les premiers Pères furent même hostiles à la philosophie (2).

Ils n'avaient pour elle que mépris et dédain. Ils la rendaient responsable de toutes les erreurs et de tous les crimes de l'humanité. Ils en ignoraient, semble-t-il, même la langue (3).

Ils en emploient du moins les termes à contre-sens. Leurs paroles, prises à la lettre, constitueraient plus d'une fois de très

---

(1) Cardinal Gonzalez, *Histoire de la philosophie*, t. II, p. 7, 8, 9.
(2) Cfr. L'*Etude de l'histoire de la philosophie en Allemagne et en France* : *Revue du Monde catholique. Janvier 1891*.
(3) Cardinal Gonzalez : *Histoire de la philosophie*, t. II, p. 15, 17, 24, 46, 68, 69, 109, 110.

graves erreurs. Elles autoriseraient à les regarder comme des matérialistes.

Ainsi Tertullien, pour dire : « Dieu est une substance », dira : « Dieu est un corps » (1).

Il parlera de même de la corporéité, de la triple dimension ou de la triple forme de l'âme (2).

D'après Arnobe, les âmes humaines sont une sorte de substance intermédiaire entre le corps et l'esprit (3).

Pour lui, comme pour saint Justin, l'âme ne serait pas immortelle : l'immortalité conviendrait à Dieu seul (4).

Isidore de Séville dira encore, vers le commencement du VIIe siècle : « Ce n'est point l'âme, c'est le corps qui constitue l'homme » (5).

Des expressions panthéistiques se trouvent aussi trop souvent dans les œuvres de plusieurs Pères. Elles abondent plus particulièrement dans les écrits attribués à saint Denys l'Aréopagite (6).

L'ignorance de la langue n'entraînait pas cependant l'ignorance des doctrines.

Tertullien, à en croire Vincent de Lérins, connaissait à fond la philosophie païenne (7).

Lactance, le disciple d'Arnobe, aurait été, d'après saint Jérôme, le plus érudit des hommes de son temps (8).

Saint Justin avait, déclare-t-il lui-même, parcouru toutes les écoles et examiné tous les systèmes des philosophes.

La connaissance de la valeur des termes suppose toutefois l'absence de tout système philosophique personnel.

On connaissait les doctrines rationnelles des autres sans en avoir en propre.

Le vague de la langue s'explique par le vague des idées. La propriété des termes ne saurait exister où les idées se forment. Il ne saurait y avoir de langue philosophique où il n'y a pas encore de philosophie. Si une science est autre chose qu'une langue bien

---

(1) Cardinal Gonzalez. *Histoire de la philosophie*, t. II, p. 15.
(2) *Id., ibid.*, t. II, p. 17.
(3) *Id., ibid.*, t. II, p. 24, 46.
(4) *Id., ibid.*, t. II, p. 109, 110.
(5) *Id., ibid.*, t. II, p. 68, 69.
(6) *Id., ibib.*, t. II, p. 18.
(7) *Id., ibid.*, t. II, p. 19.
(8) *Id.*, t. II, p. 45.

faite, elle n'existe pas néanmoins tant que sa langue est informe. La langue philosophique se précisera chez les Pères de l'Eglise au fur et à mesure des progrès de la philosophie chrétienne. La précision des idées entraînera celle du langage. On ne la trouve ni chez Tertullien, ni chez Minucius Félix, ni chez Arnobe, ni chez Lactance.

Au reste, l'hostilité contre la philosophie cessa bientôt d'être générale, si elle le fut jamais.

Les préventions contre cette science ne tardèrent pas à se dissiper en partie. Plus d'un fidèle éprouva le besoin de se rendre compte rationnellement de ses croyances. Les problèmes philosophiques furent ainsi soulevés et posés peu à peu dans l'Eglise.

Les Pères voulurent, à leur tour, justifier leur foi devant les philosophes. Athénagore, en particulier, leur adressa tout spécialement son apologie (1).

Il fut dès lors nécessaire d'avoir un système de philosophie.

Clément d'Alexandrie eut le mérite d'en donner un. Il est, d'après le cardinal Gonzalez, le créateur et le père de la philosophie chrétienne (2).

Ce n'est pas que personne avant lui, parmi les chrétiens, n'eût soulevé de problème philosophique. Tertullien, Minucius Félix et Arnobe avaient déjà parlé de Dieu et de l'âme (3). Mais les problèmes posés et discutés par eux ne formaient pas un ensemble. Les solutions indiquées étaient imparfaites. En psychologie plus particulièrement, elles étaient « saturées d'idées matérialistes et partant inexactes » (4). Enfin la raison avait, dans les recherches faites, un rôle secondaire : on substituait trop facilement à la spéculation scientifique, à l'investigation rationnelle, à la science, la vision, l'assentiment spontané et instinctif, la foi (5).

Clément d'Alexandrie, au contraire, procède d'une manière rationnelle et scientifique (6).

Si ses solutions s'accordent avec la doctrine chrétienne, il n'en pose et n'en discute pas moins les questions en véritable philosophe. Il fait œuvre de raison et de science (7). Il a soulevé et ré-

(1) Cardinal Gonzalez : *Histoire de la philosophie*, t. II, p. 47.
(2) *Id., ibid.*, t. II, p. 36, 37.
(3) *Id., ibid.*, t. II, p. 17, 18, 24.
(4) *Id., ibid.*, t. II, p. 23, 24.
(5) *Id., ibid.*, t. II, p. 23.
(6) *Id., ibid.*, t. II, p. 36.
(7) *Id., ibid.*, t. II, p. 36.

solu presque tous les problèmes les plus importants des sciences philosophiques (1). Il a laissé un ensemble de doctrine sur Dieu, sa nature, ses attributs, sur le monde, sur la création, sur la providence, sur l'homme, sur le corps humain, sur l'âme, sur son origine, sur ses facultés, sur la raison, sur le libre arbitre, sur le devoir, sur la vie future (2).

Ses solutions sont, en général, raisonnables et justes (3).

Grâce à lui, la philosophie chrétienne naît, se forme, se développe, se perfectionne.

Elle constitue déjà un tout systématique, un organisme scientifique et complet, capable de résister aux difficultés qui se dressaient contre elle de toutes parts (4).

Désormais, elle se maintiendra ferme, immobile et même victorieuse au milieu des rudes attaques du gnosticisme, et contre les assauts redoutables et acharnés de l'école néo-platonicienne (5).

Toutefois, l'œuvre de Clément d'Alexandrie, malgré son mérite, reste incomplète.

Ses successeurs la continueront. Chacun d'eux contribuera, pour sa part, à l'améliorer.

Ils y introduiront, à côté de l'élément platonicien, l'élément aristotélicien (6).

Les Pères du IVe siècle poseront, d'après le cardinal Gonzalez, les bases fondamentales de la philosophie chrétienne (7).

Il y aura dès lors une science qui prendra la vérité chrétienne pour point de départ, pour guide et pour règle de la pensée, s'assimilera tous les éléments épars dans la science païenne, les vivifiera et les fécondera en les fondant, en les harmonisant dans une conception plus haute et plus large, appuyée et couronnée par l'idée catholique (8).

Ce sera le principal mérite de saint Augustin, comme philosophe, d'en étendre le domaine (9).

(1) Cardinal Gonzalez : *Histoire de la philosophie*, t. II, p. 30-35.
(2) *Id.*, *ibid.*, t. II, p. 27-35.
(3) *Id.*, *ibid.*, t. II, p. 37-35.
(4) *Id.*, *ibid.*, t. II, p. 36, 37.
(5) *Id.*, *ibid.*, t. II, p. 37, 38.
(6) *Id.*, *ibid.*, t. II, p. 49, 50, 51.
(7) *Id.*, *ibid.*, t. II, p. 49, 50.
(8) *Id.*, *ibid.*, t. II, p. 92.
(9) *Id.*, *ibid.*, t. II, p. 92, 93.

Il y a fait entrer toutes les grandes questions qui sont de son ressort (1).

Il a formé un corps de doctrine où se développent, où se concentrent, où s'unissent et s'harmonisent les diverses tendances qui s'étaient jusqu'alors produites dans des sens différents (2).

Les barbares peuvent venir, les ténèbres peuvent se répandre à leur suite sur le monde, l'ignorance aura beau être générale, la philosophie chrétienne est constituée, elle a son unité et sa vie, elle possède un élément d'immortalité (3).

Si elle tombe momentanément en oubli, elle ne saurait périr : elle a en elle une énergie toute-puissante, et, après avoir paru morte pendant quelques siècles, elle renaîtra avec saint Thomas plus forte, plus complète, plus vivante (4).

Les efforts des Pères ne furent donc pas stériles. Leur œuvre est digne d'être étudiée et connue. La plupart de leurs solutions concordent encore avec celles de l'école spiritualiste. Il est tel aperçu réputé moderne dont le mérite leur revient (5).

Ainsi Clément d'Alexandrie a fait, longtemps avant Descartes, de l'évidence sensible et intellectuelle le critérium de la certitude (6).

Il a évité l'erreur dans laquelle est tombé Pascal, et a regardé les premiers principes comme indémontrables (7).

Il a professé, comme plus tard Descartes, la permanence de la pensée (8).

Il a posé en principe et pratiqué, avant Cousin, l'éclectisme. Il a vu dans tous les systèmes un ensemble de vérités disséminées, et, prenant pour guide l'idée chrétienne, il s'est efforcé de le reconnaître et de le constituer (9).

Enfin, il a professé, avant Krause et ses disciples, le puritanisme moral ou la pratique du bien pour le bien (10).

(1) Cardinal Gonzalez : *Histoire de la philosophie*, t. II, p. 91. et sqq.
(2) *Id.*, *ibid.*, t. II, p. 92.
(3) *Id.*, *ibid.*, t. II. p. 92, 96.
(4) *Id.*, *ibid.*, t. II, p. 92, 122, 123.
(5) *Id.*, *ibid.*, t. II, p. 29, 30, 33, 34, 35, 40, 53, 54, 57, 58, 76, 77, 86, 89, 90, 91, etc., etc.
(6) *Id.*, *ibid.*, t. II, p. 30.
(7) *Id.*, *ibid.*, t. II, p. 30.
(8) *Id.*, *ibid.*, t. II, p. 33, 35, 36.
(9) *Id.*, *ibid.*, t. II, p. 29, 37.
(10) *Id.*, *ibid.*, t. II, p. 34, 35.

Origène, de son côté, a devancé les hypothèses de la science moderne et a admis des séries de mondes (1).

Saint Grégoire de Nysse a eu une espèce d'intuition et comme une ébauche rudimentaire, quoique explicite, de la fameuse théorie de Laplace (2).

Il a reconnu la difficulté de comprendre et d'expliquer l'union de l'âme et du corps : il n'en a pas moins enseigné clairement l'unité essentielle et substantielle de l'homme, de sa personne, de son âme (3).

Pour Philopon, les ténèbres sont la simple absence de la lumière, la terre est sphérique, les astres se meuvent par eux-mêmes, sous l'influence d'une première impulsion reçue (4).

L'essai de psychologie contenu dans le *Traité de la nature de l'homme*, de Némésius, est supérieur à tous les ouvrages analogues de la philosophie païenne (5). On le croirait moderne à plus d'un titre. L'observation, la physiologie et même la phrénologie y occupent une certaine place. L'auteur unit la méthode expérimentale à la méthode rationnelle; il entre plus d'une fois dans des détails physiologiques et va jusqu'à donner des indications phrénologiques (6).

Saint Augustin a reconnu l'importance scientifique des faits de conscience.

Il a constaté, avant Descartes, l'impossibilité de douter d'un phénomène interne dont l'âme est consciente (7).

Pour lui déjà, douter, c'est penser, c'est être, c'est vivre ; douter, c'est encore connaître son ignorance sur un point quelconque : c'est, dès lors, avoir la certitude de quelque chose (8).

Aussi fait-il, comme plus tard Descartes, de la conscience que la pensée prend d'elle-même, le fondement assuré de toute connaissance (9).

Comme Descartes encore, il remonte de la connaissance de soi-

---

(1) Cardinal Gonzalez : *Histoire de la philosophie*, t. II, p. 40.
(2) Id., ibid., t. II, p. 56, 57.
(3) Id., ibid., t. II, p. 53, 54, 55.
(4) Id., ibid., t. II, p. 51.
(5) Id., ibid., t II, p. 57, 58.
(6) Id., ibid., t. II, p. 58.
(7) Id., ibid., t. II, p. 89, 91.
(8) Id., ibid., t. II, p. 89, 90.
(9) Id., ibid., t. II, p. 91.

même à la connaissance de Dieu, et fait, avant Bossuet, de l'une et de l'autre, l'objet de la philosophie (1).

Sa théorie de l'erreur sensible rappelle aussi la théorie cartésienne.

D'après lui, nous connaissons la vérité par la raison et par les sens (2).

Par la raison, nous connaissons le monde intelligible et atteignons la sagesse.

Les sens nous font connaître les corps et le monde matériel. Nous les accusons injustement de nous induire en erreur. Ils ne nous trompent point. Leurs données sont toujours exactes. C'est nous qui avons le tort de mal les interpréter (3).

Car nos sensations sont toujours vraies en elles-mêmes. Si parfois nous nous trompons sur elles et sur leurs objets, la faute en est à notre impatience et à notre précipitation (4). Nous nous empressons de prendre l'action de nos sens pour règle et pour mesure de nos jugements (5). Nous jugeons de la réalité objective des choses d'après nos impressions subjectives (6). Si nous limitions l'assentiment de la raison à ce que représente la sensation, il n'y aurait jamais aucune erreur dans le jugement porté (7).

Les erreurs de nos sens ne leur sont donc pas imputables : elles sont, comme le prétend Descartes de toute erreur, la conséquence du mauvais usage de notre libre arbitre (8).

Enfin saint Augustin eut le mérite et la gloire de percevoir et d'indiquer le premier la marche progressive de l'humanité dans la suite des âges.

« Cette idée, comme toutes les grandes idées, s'est perpétuée à travers les siècles, et fait le fonds de toutes les théories et de tous les travaux sur la philosophie de l'histoire. »

« Elle n'apparaît pas seulement dans le *Discours* de Bossuet : on en retrouve des vestiges et des réminiscences dans la *scienza nuova* de Vico avec ses *corsi* et ses *ricorsi*, dans les *Idées sur l'his-*

---

(1) Cardinal Gonzalez : *Histoire de la philosophie*, t. II, p. 76, 77, 91.
(2) *Id., ibid.*, t. II, p. 86, 90.
(3) *Id., ibid.*, t. II, p. 90.
(4) *Id., ibid.*, t. II, p. 90, 91.
(5) *Id., ibid.*, t. II, p. 91.
(6) *Id., ibid.*, t. II, p. 91.
(7) *Id., ibid.*, t. II, p. 91.
(8) *Id., ibid.*, t. II, p. 91.

toire de l'humanité de Herder, dans la perfectibilité indéfinie de Condorcet, dans les âges harmoniques de Krause, dans la théorie d'Hégel et d'une foule d'autres panthéistes sur la philosophie de l'histoire (1). »

Le progrès est donc la loi de l'esprit humain. L'histoire de la philosophie grecque nous en avait déjà fourni la preuve. L'histoire de la philosophie chrétienne dans les premiers siècles de notre ère vient d'en confirmer et d'en rendre évidente la démonstration. Elle nous a présenté, en outre, dans l'œuvre de saint Augustin, l'affirmation formelle, nette et précise, de cette vérité. Le moyen âge va nous révéler clairement, à son tour, une des lois du développement et du progrès de la raison humaine.

V

Et en effet, toujours fidèle à sa méthode, le cardinal Gonzalez, dans le cours de son histoire, signale, au moyen âge, avec les progrès et les défaillances de l'esprit humain, des ressemblances de doctrine avec les temps modernes.

Descartes, Kant, Hégel, Hume et nos récents positivistes auraient eu, plus particulièrement, de nombreux précurseurs même et surtout parmi les scolastiques.

Descartes, précédant Pascal, a attaqué le principe d'autorité, non seulement en matière de science, mais encore en matière de philosophie. Il a donné le sens intime ou, si l'on veut, les faits de conscience pour point de départ et pour fondement à toutes nos connaissances rationnelles. Il s'est servi, pour prouver l'existence de Dieu, de l'argument ontologique. Pour connaître Dieu toutefois, c'est-à-dire pour déterminer ses attributs, il faut, selon lui, se connaître d'abord soi-même. On constate les qualités de l'âme humaine, on élimine toutes celles qui impliquent quelque imperfection et on attribue à Dieu, à un degré infini, toutes les autres (2).

Kant, à l'exemple de Descartes, veut, vers la fin du XVIIIe siècle, se rendre compte rationnellement des croyances humaines. Il passe, dès lors, au crible de son *criticisme* tous les arguments

---

(1) Cardinal Gonzalez, *Histoire de la philosophie*, t. II, p. 95, 96. Cfr. Sur la philosophie de saint Augustin, l'excellent volume, couronné par l'Académie française, de M. Ferraz, professeur honoraire de la Faculté des lettres de Lyon et correspondant de l'Institut : *La Psychologie de saint Augustin*, grand in-8°, Perrin, éditeur.

(2) *Id., ibid.,* t. III, 211, 212, 216.

donnés en leur faveur. Aucun d'eux ne le satisfait. Il découvre même des antinomies et des paralogismes où les autres philosophes avaient vu des harmonies réelles et des démonstrations scientifiques. Aussi nie-t-il la valeur *nouménique* des concepts et des démonstrations de la raison pure. Il rejette, en conséquence, comme non rationnellement prouvée, la triple existence de Dieu, de l'âme et du monde (1).

Mais s'il a reconnu l'impossibilité d'une métaphysique dogmatique, il ne renonce pas, pour cela, à toute métaphysique. La métaphysique est, en effet, selon lui, aussi nécessaire à l'homme que l'air respirable. Pour en construire une, il partira du fait de l'existence du devoir, comme, pour détruire la métaphysique dogmatique, il est parti du fait de la pensée.

Le devoir ou la loi morale existe. Or, la loi morale implique la liberté humaine, et l'une et l'autre supposent et enveloppent, à elles deux, l'immortalité de l'âme et l'existence de Dieu.

Car il y a pour l'homme, d'après la raison pratique, une obligation à faire le bien. De plus, il y a, entre le bien et le bonheur, un rapport nécessaire, de telle sorte que l'homme vertueux doit par là même être heureux. Néanmoins, il n'a presque jamais le bonheur ici-bas. Donc, pour le lui assurer, il faut une autre vie où il puisse le recevoir et en jouir, et un être suprême capable de le lui donner. Et ainsi l'immortalité de l'âme et l'existence de Dieu sont nécessaires pour résoudre l'antinomie présente entre la vertu et le bonheur (2).

Hégel conçoit à sa manière le devenir. Pour lui, il y a une corrélation absolue entre la pensée et les choses réelles. L'idée est le principe, l'essence et le terme de toute réalité, et en entraîne fatalement avec elle l'existence (3). Il y a trois moments dans son évolution (4). Chacun d'eux représente une des personnes de la Trinité chrétienne (5). Aussi l'histoire est-elle la série des déterminations de la pensée, de celles de Dieu même, de ses manifestations successives, de l'avènement de chacune des personnes divines et du règne du Père, du Fils et du Saint-Esprit (6).

(1) Cardinal Gonzalez, *Histoire de la philosophie*, t. II, p. 328, 329, 333; t. III, p. 441, 442.
(2) *Id., ibid.*, t. III, p. 455, 456.
(3) *Id., ibid.*, t. IV, p. 38.
(4) *Id., ibid.*, t. IV, p. 60.
(5) *Id., ibid.*, t. IV, p. 60, 61.
(6) *Id., ibid.*, t. IV, p. 53, 54, 55, 56, 57, 58.

Pour Hume, il n'y a pas de cause ou, du moins, la causalité implique seulement une simple succession entre les phénomènes. Le positivisme contemporain accepte cette notion et déclare, en conséquence, dans ses conclusions les plus modérées, Dieu et l'âme ou problématiques ou inaccessibles à la connaissance humaine. Il ne voit, en outre, entre le bien et le mal, d'autres différences que celles qu'y mettent les appréciations des hommes, les usages et les mœurs. Il fait, avec Darwin, descendre tous les êtres d'un germe primitif, dont les évolutions successives ont été déterminées par des circonstances extérieures et accidentelles.

Or, toutes ces doctrines ont été plus ou moins nettement conçues et formulées au moyen âge. L'esprit humain semble avoir ainsi révélé une des lois de son développement et de ses progrès. Il conçoit d'abord une idée, dont il a peut-être plus ou moins obscurément conscience ; il reste longtemps sans en soupçonner la valeur et la portée : peu à peu, cette notion, primitivement informe et confuse, germe, se développe, s'éclaire, se féconde, se transforme et parfois, au bout de plusieurs siècles, devient, selon son importance, avec un homme de génie, le point de départ et le fondement d'un grand système et d'un grand mouvement philosophique.

Tel ne serait-il pas, en particulier, à l'égard des théories modernes signalées tout à l'heure, le rôle de certaines conceptions de quelques scolastiques ?

Il y a, en effet, entre les unes et les autres, des analogies étonnantes. Celles-ci, de beaucoup antérieures, semblent bien avoir eu pour mission de préparer celles-là. Elles en contiennent, isolés et épars, les principaux éléments. Elles sont comme les germes d'où les autres sont sorties longtemps après. Une série de faits va permettre au lecteur d'en juger.

D'après Guillaume de Conches, l'autorité des Pères, bien que digne de respect, n'est point irrécusable et ne s'impose pas dans les sciences naturelles et humaines (1).

Pour Gilles de Rome, la science humaine, y compris la philosophie, s'appuie surtout sur la raison. Si l'on croit aux philosophes, dit-il, c'est uniquement parce que leur langage est rationnel et raisonnable (2).

Durand de Saint-Pourçain, évêque de Meaux, est plus catégori-

---

(1) Cardinal Gonzalez, *Histoire de la philosophie*, t. II, p. 184.
(2) *Id., ibid.*, t. II, p. 350-351.

que encore. Il faut, selon lui, dans les sciences et dans la philosophie, prendre pour guide la raison naturelle et non l'autorité (1). C'est à la raison avant tout, déclarait-il, et non à l'autorité, serait-ce celle d'Aristote, qu'il faut s'en rapporter, même et principalement en matière philosophique. La philosophie consiste, en effet, à connaître la vérité et la réalité des choses et non le sentiment d'Aristote ou des autres philosophes (2). Aussi obliger quelqu'un à n'enseigner ou à n'écrire rien de contraire aux opinions d'un docteur particulier, c'est fermer le chemin à la recherche de la vérité, mettre obstacle à la science, bien plus, étouffer violemment la lumière de la raison (3). Car tout homme qui abandonne sa propre raison pour suivre l'autorité d'un autre, tombe dans une espèce d'aveuglement bestial et peut, à juste titre, être comparé aux animaux dépourvus de toute intelligence (4).

Pierre d'Ailly a vu, d'un autre côté, après saint Augustin, dans le sens intime, le principe de toute connaissance et de toute certitude, au moins pour les phénomènes internes (5).

Durand de Saint-Pourçain a encore dépassé Descartes dans cet ordre d'idées, et a devancé Maine de Biran. Environ cinq cents ans avant ce dernier, il a prétendu que l'âme se saisit directement comme cause et comme principe intelligent. L'entendement, a-t-il dit, se connaît lui-même et connaît, avec certitude et comme par expérience, les choses qui sont en lui. C'est, en effet, par une expérience intime que nous savons que nous comprenons et qu'il y a un principe intelligent en nous (6).

Saint Anselme avait déjà, longtemps avant Descartes, employé l'argument ontologique pour établir l'existence de Dieu (7).

Raymond Sebonde y avait eu recours, au XVe siècle, et en avait reconnu la valeur scientifique. Il avait, en outre, posé la connaissance de soi-même comme fondement de sa *Théologie philosophique* (8).

Et, bien antérieurement, saint Thomas avait connu, préconisé,

---

(1) Cardinal Gonzalez, *Histoire de la philosophie*, t. II, p. 380.
(2) *Id., ibid.*, t. II, p. 379.
(3) *Id., ibid.*, t. II, p. 380.
(4) *Id., ibid.*, t. II, p. 380.
(5) *Id., ibid.*, t. II, p. 417.
(6) *Id., ibid.*, t. II, p. 381, 382.
(7) *Id., ibid.*, t. II, p. 161, 425.
(8) *Id., ibid.*, t. II, p. 425, 426.

pratiqué la double méthode de l'analogie et de la négation pour s'élever à la connaissance naturelle de Dieu (1).

Duns Scot, précurseur de Kant, avait soumis à une critique implacable les théories, les preuves et les opinions les plus unanimement acceptées jusqu'à lui. Il avait trouvé, lui aussi, des contradictions et des sophismes dans les raisonnements et dans les démonstrations de ses prédécesseurs et de ses contemporains (2).

Occam le suivit dans cette voie et développa le criticisme scotiste. Il attaqua les démonstrations déjà données en faveur des principales vérités, et leur dénia toute valeur rationnelle. Il proclama, en conséquence, l'impuissance de la raison à démontrer l'unité de Dieu, la dépendance à son égard d'un être quelconque comme effet, l'intelligence, la spiritualité, l'immortalité de l'âme et enfin la liberté humaine (3).

Mais tandis que Kant se soustrait au scepticisme par la raison pratique, Scot et Occam y avaient échappé, l'un et l'autre, par la foi à la révélation (4).

Raymond Sebonde avait donné, avant Kant, en faveur de l'existence de Dieu, un argument tiré de l'ordre moral. Il avait démontré cette vérité par le fait de la liberté humaine et par la nécessité d'une sanction de la loi morale (5).

L'homme, avait-il dit, est un être libre. Il fait librement le bien et le mal. Il mérite, dès lors, ou des récompenses ou un châtiment. Mais il ne peut ni se récompenser ni se punir lui-même. Il y a donc nécessairement, pour le traiter selon ses œuvres, un être supérieur à l'homme. L'existence du libre arbitre entraîne et prouve ainsi l'existence de Dieu (6).

Il y a, entre la doctrine de Raymond Sebonde et la doctrine de Kant, une analogie impossible à nier, et il est bien difficile de ne pas reconnaître dans la théorie de l'un, le fonds de la *Critique de la Raison pratique* de l'autre (7).

L'analogie est non moins frappante entre la notion hégélienne du *devenir* et la conception scolastique du mouvement (8).

(1) Cardinal Gonzalez, *Histoire de la philosophie*, t. II, p. 284, 285, 286.
(2) *Id., ibid.*, t. II, p. 328, 329, 330, 331 (note).
(3) *Id., ibid.*, t. II, p. 396, 398, 399.
(4) *Id., ibid.*, t. II, p. 330, 400, 404.
(5) *Id., ibid.*, t. II, p. 425.
(6) *Id., ibid.*, t. II, p. 425, 426.
(7) *Id., ibid.*, t. II, p. 426.
(8) *Id., ibid.*, t. IV, p. 60.

Les ressemblances sont encore plus nombreuses et plus grandes entre la partie vraie et raisonnable de la théorie d'Hégel sur le *devenir* et la théorie d'Albert le Grand sur le concept de l'être en général. C'est au point de croire parfois, en lisant le second de ces philosophes, lire ou se rappeler le premier (1).

Raymond Lulle, hégélien égaré en plein moyen âge, avait enseigné la correspondance du *processus* ontologique de la réalité objective avec les *processus* logiques des concepts (2).

Amaury de Chartres, dont l'hégélianisme porte sur un autre point, avait présenté les trois personnes divines comme non éternelles. Il avait, avant Hégel, regardé l'histoire comme l'avènement et le règne successifs de chacune d'elles. A l'en croire, le règne du Père et celui du Fils étaient terminés. Au contraire, celui du Saint-Esprit commençait et marquait la dernière époque de l'histoire et du monde (3).

Il y aurait même, certaines réserves faites, une grande parenté de doctrine entre Hégel et saint Thomas, en ce qui touche la constitution intime des catégories de la raison (4).

Hume et les positivistes auraient eu, eux aussi, des précurseurs au moyen âge.

Holkot aurait prélude à leur théorie sur la notion de cause (5).

Il n'aurait vu, lui non plus, entre les phénomènes, d'autre relation que la succession.

Il serait, en effet, d'après lui, impossible à l'homme de connaître avec certitude qu'une substance finie est cause efficiente d'autres réalités (6).

Il y aurait toutefois une exception en faveur de la volonté humaine (7). Néanmoins, Holkot n'a nullement reconnu, comme plus tard Maine de Biran, que l'âme se saisit directement elle-même comme cause.

D'un autre côté, pour Occam, Dieu ne peut être rationnellement connu comme cause efficiente d'un effet quelconque (8). Et, pour lui

---

(1) Cardinal Gonzalez, *Histoire de la philosophie*, t. II, p. 237, 238.
(2) *Id., ibid.*, t. II, p. 387.
(3) *Id., ibid.*, t. II, p. 195.
(4) *Id., ibid.*, t. IV, p. 69, 70, 71, 72.
(5) *Id., ibid.*, t. II, p. 408, 409.
(6) *Id., ibid.*, t. II, p. 408.
(7) *Id., ibid.*, t. II, p. 409.
(8) *Id., ibid.*, t. II, p. 399.

comme pour Abailard, il n'y aurait pas de différence essentielle entre le bien et le mal (1).

Il autoriserait ainsi à l'avance le langage de ceux pour qui il y a seulement des mœurs et non une morale (2).

Et sa psychologie, sa théodicée, sa morale, n'auraient guère à envier à la psychologie, à la théodicée et à la morale des positivistes contemporains et des partisans de la morale indépendante (3).

Enfin, il n'est pas jusqu'à Darwin dont la théorie n'ait, avec des différences profondes, plus d'un trait de ressemblance avec tel point de la doctrine de Vincent de Beauvais (4).

D'après ce dernier, en effet, l'écrivain le plus érudit de son temps, Dieu, en créant les éléments, aurait mis en eux comme en germe un principe de vie (5).

Ce germe, une fois placé dans des conditions convenables, donnerait naissance aux plantes et aux animaux, soit pour le corps, soit pour l'âme (6).

Et ainsi, au moyen âge, comme dans l'ancienne Grèce et chez les Pères de l'Église, nous trouvons, plus ou moins enveloppées ou développées, des doctrines réputées d'origine plus récente (7), et les systèmes modernes regardés comme les plus originaux sont en germe ou ont leurs éléments chez les scolastiques !

(1) Cardinal Gonzalez, *Histoire de la philosophie*, t. II, p. 155, 157, 307, 398.
(2) *Id., ibid.*, t. II, p. 397, 398.
(3) *Id., ibid.*, t. II, p. 397, 398, 404, 405.
(4) *Id , ibid.*, t. II, p. 222, 223, 224, 225, 226.
(5) *Id., ibid.*, t. II, p. 223.
(6) *Id., ibid.*, t. II, p. 223.
(7) Sur les analogies de plus d'un système moderne avec les doctrines contemporaines de l'église naissante, Cfr. Mgr Freppel: *Cours d'Éloquence sacrée : saint Irénée ou l'éloquence au IIe siècle*.

VI

Pour donner une idée complète de l'œuvre du cardinal Gonzalez, le plus simple aurait été sans doute de l'analyser partie par partie.

Malheureusement, la chose n'était point pratique.

Un article de revue aurait été ainsi transformé en un abrégé, plus ou moins succinct, d'un grand ouvrage. Il aurait rebuté les lecteurs par une inévitable sécheresse. Le besoin d'être bref et concis aurait rendu plus obscures encore des questions assez difficiles à comprendre par elles-mêmes. On se serait lassé bien vite d'une telle lecture. On n'y aurait trouvé, d'ailleurs, aucun intérêt particulier. Un travail de ce genre n'aurait pas même offert l'attrait de la nouveauté. Il aurait été déjà connu dans ses grandes lignes, et, tout en étant, dans sa brièveté, plus ou moins inintelligible pour les doctrines de l'Orient, il n'aurait rien appris, pour ainsi dire, sur les théories de la Grèce ni sur les systèmes modernes, depuis Bacon et Descartes. Il n'aurait pas beaucoup différé, en somme, d'un manuel quelconque.

Il était, dès lors, plus opportun et plus sage de renoncer à faire connaître, dans ses détails, l'ouvrage du cardinal Gonzalez, et de s'attacher plus particulièrement à en pénétrer l'esprit et à en découvrir la valeur et la portée.

Or, par tout ce qui précède, on a pu, si je ne m'abuse, voir dans quel esprit a été conçue et écrite l'*Histoire de la Philosophie*, et même juger de son mérite.

Il reste encore toutefois à insister sur ses qualités et à examiner s'il n'y a point lieu de formuler, à son sujet, quelques réserves.

L'auteur a eu, d'abord, le bon esprit d'écrire en espagnol, c'est-à-dire dans sa langue nationale.

Il a ainsi consacré, par son exemple, une innovation heureuse dans le monde ecclésiastique.

Le temps n'est pas éloigné, en effet, où, près de deux cents ans après Descartes, on se croyait obligé d'écrire en latin des ouvrages philosophiques.

A C.

C'est en latin, du moins, qu'on enseignait encore la philosophie.

Le règlement de 1809 (1) laissait, il est vrai, facultatif l'emploi de la langue latine ou de la langue française dans l'enseignement de la philosophie et de son histoire. Mais, en fait, tous les professeurs donnaient la préférence à la langue latine. Il fallut la révolution de 1830, la haute autorité de M. Cousin et son entrée au ministère de l'Instruction publique, pour avoir enfin raison de cette habitude tant de fois séculaire. Encore se conserva-t-elle, même après la loi de 1850, dans plus d'un établissement secondaire libre (2).

Elle avait pourtant contre elle des raisons de nécessité et d'utilité.

Les langues anciennes se prêtent peu à rendre nos idées modernes. Ceux-là le savent par expérience qui ont eu à traiter en latin, sous une forme littéraire, quelque question de littérature ou de philosophie contemporaine. Les difficultés qu'ils ont rencontrées leur ont même permis d'apprécier quelques-unes des différences de notre civilisation avec les civilisations d'autrefois. Ils ont pu constater la distance qu'il y a, dans l'ordre intellectuel, entre les temps modernes et les temps anciens.

La chose est plus particulièrement sensible sur le terrain de la philosophie. L'on n'a plus ici, dans la généralité des langues anciennes, les termes nécessaires, indispensables.

Les mots sont, en effet, créés pour les idées. Où une idée manque, le terme qui l'exprime ne saurait se trouver. Il fait fatalement défaut. Rome nous en fournit un exemple et la preuve.

La philosophie lui était restée étrangère. C'est à peine si, dans une circonstance fortuite, on lui avait exposé, accidentellement, quelques points des théories de Zénon, d'Epicure et de

---

(1) Article 17.
(2) Mgr Dupanloup, si moderne par tant de côtés et d'une si haute compétence pédagogique, se prononce, dans son *Traité de la Haute Éducation*, pour l'usage de la langue latine dans la classe de philosophie. Il y a quinze ans à peine que la philosophie et son histoire étaient enseignées en latin au petit séminaire de La Chapelle Saint-Mesmin, incontestablement l'une des premières maisons d'éducation du monde par l'intelligence de la direction, par le savoir des maîtres et par les succès des élèves.

la Nouvelle Académie. Peut-être même l'avait-on fait dans une langue étrangère. Il n'y avait jamais eu jusque-là, dans tous les cas, de philosophe parmi les Romains.

Aussi la langue latine n'avait-elle aucun terme philosophique. Lucrèce le constate et le déplore à plusieurs reprises. Il se plaint douloureusement, çà et là, dans le cours de son poème, de l'indigence de sa langue maternelle, *patrii sermonis egestas*, et constate l'impossibilité où il est d'exprimer ses idées ou plutôt celles de son maître.

Ce fut, au reste, longtemps encore, une habitude à Rome, dans les causeries philosophiques, de se servir de la langue grecque. Cicéron, dans ses Préfaces, exprime plusieurs fois ses regrets à ce sujet. Lui-même, d'ailleurs, dans ses traités et dans ses Dialogues, emprunte au grec plus d'une expression. C'est ce que fait plus souvent encore Sénèque.

Et cependant ces deux écrivains philosophiques furent de simples prosateurs et traitèrent exclusivement des questions de morale.

Lucrèce, il est vrai, écrivait en vers, mais il s'agissait uniquement pour lui de traduire, en se les appropriant, les théories d'Epicure sur le monde, sur sa formation, sur l'origine des hommes, du langage, des villes et des arts.

Que n'eût-il point dit, dès lors, s'il avait eu à faire connaître les systèmes philosophiques modernes ! Il sera facile de supposer la multiplicité et l'amertume de ses plaintes, à qui s'essayera à exposer, dans un latin classique, la métaphysique de Kant, de Schelling, de Fichte, d'Hégel, ou même simplement la doctrine de Darwin, de Stuart Mill, d'Herbert Spencer et du positivisme de nos jours.

Le cas prévu par Horace se présente : il y a là des idées nouvelles, les anciens termes ne peuvent les exprimer, il est nécessaire de créer des mots nouveaux ou de donner à ceux qui existent une signification jusque-là inconnue (1).

Et il n'y a rien d'étonnant à ce que la langue de Lucrèce, de Cicéron et de Sénèque, soit trop pauvre pour rendre des idées

---

(1) Si forte necesse est
Indiciis monstrare recentibus *abdita rerum*.
Fingere cinctutis non exaudita Cethegis
Continget.
                    Hor. ad Pisones, 48-51.

que ne peut toujours suffire à exprimer la langue de Descartes, de Pascal, de Malebranche, de Bossuet, de Fénelon, de Voltaire, de Cousin et de Gratry.

L'usage de la langue latine dans les classes de philosophie paraît d'ailleurs, non sans quelque raison, avoir plus d'un grave inconvénient.

Les élèves ont vécu jusque-là, pendant de longues années, dans un commerce de chaque jour avec les admirables écrivains de la Grèce et de Rome. Le sens littéraire s'est éveillé en eux sous l'influence de ces maîtres incomparables dans l'art de parler et d'écrire. Ils ont appris, à leur école, à goûter, d'une manière plus ou moins consciente, l'harmonieux accord, toujours nécessaire, entre l'idée et les termes, entre la pensée et son expression, entre le fond et la forme. On les soustrait brusquement tout à coup à cette heureuse influence. Tout commerce avec l'antiquité profane est interrompu pour eux. On les soumet sans transition à de nouvelles habitudes d'esprit. Jusque-là, on leur a fait attacher une importance extrême à leurs expressions latines : tous leurs soins semblaient se porter à rechercher les termes propres, à trouver des tournures élégantes, à employer des locutions cicéroniennes. Désormais, ils n'auront aucun souci des mots ; ils ne s'inquiéteront même plus d'éviter les barbarismes et les solécismes contre lesquels on s'est efforcé, pendant si longtemps, de les prémunir ; ils inventeront, au besoin, des mots nouveaux sans tenir compte des lois de la dérivation ; peu leur importera la manière de s'exprimer ; la forme ne sera plus rien pour eux : on pourra les croire exclusivement préoccupés du fond, de la pensée.

Cette négligence aura des conséquences fâcheuses. Sans doute, il ne faut pas exagérer l'importance des mots. Ils ne sont rien par eux-mêmes. Ils empruntent toute leur valeur à l'idée qu'ils représentent ou expriment. Sans elle, ils seraient un vain son dont l'harmonie ne saurait dissimuler le vide.

Mais, à son tour, d'après les lois de notre esprit, la pensée ne peut se concevoir à elle seule. Il lui faut, pour exister pour nous, une forme sensible. Les mots sont la forme ordinaire et habituelle sous laquelle nous nous la représentons. Il n'y a pas, au reste, entre elle et eux, un rapport arbitraire : il y a une véritable corrélation fondée sur la nature des choses. C'est pourquoi les lois du langage répondent aux lois de la pensée. Il y a une correspondance intime entre les unes et les autres. Aussi la perfection de la forme, loin de nuire à la pensée, la sert, au contraire, et contribue à sa clarté, à sa précision, à sa force, à sa justesse. On ne peut la négliger sans préjudice pour la pensée elle-même. La recherche ou le mépris de l'une entrainent fatalement l'exagération de l'importance ou la méconnaissance de la valeur de l'autre.

Le but de toute éducation classique est par là même grandement compromis. L'étude du grec et du latin, si elle a une raison d'être, c'est d'éveiller et de développer dans les élèves, sous l'influence de chefs-d'œuvre, l'esprit littéraire, et de les mettre en mesure d'unir un jour en eux l'antiquité profane et l'antiquité chrétienne. Or, ici, un arrêt fatal ne peut manquer de se produire dans le développement du sens littéraire. L'interruption de tout commerce avec l'antiquité profane et le mépris complet de la forme le rendent inévitable. Le souci exclusif de la pensée est impuissant à le prévenir et à l'empêcher. Ce n'est point dans des générations ainsi formées que l'on rencontrera, comme dans Bossuet, dans Racine ou dans Fénélon, l'union tant admirée et si désirable de la pensée chrétienne et de la forme païenne, ni l'esprit de pondération, de mesure, de justesse, de justice et de vérité.

Il en serait autrement peut-être si, au lieu d'avoir à apprendre de mémoire et à discuter de vive voix, dans un latin de circonstance, on avait à traiter en un latin classique, dans des dissertations écrites à loisir, un sujet ou un problème de philosophie. Mais ce genre d'exercices est, en général, négligé. On n'en trouve guère de traces là où la philosophie s'enseigne et s'apprend encore en latin. L'élève y perd, en conséquence, l'habitude de penser la plume à la main. Sa pensée, si elle ne cesse pas d'être active, en devient moins féconde, moins vigoureuse, moins nette, moins précise et surtout, hélas ! moins personnelle.

En même temps, il éprouve un certain désenchantement, si ce n'est une surprise douloureuse. On lui a jusque-là inspiré le culte des mots, et on lui en laisse maintenant pratiquer le mépris. Les règles de la grammaire latine, qu'on lui a si longtemps présentées comme sacrées, il peut les violer avec impunité. Les solécismes et les barbarismes pour lesquels il avait fini par concevoir une sainte horreur, il lui est permis de les commettre. Ce à quoi on l'avait habitué à attacher une suprême importance, il est amené à le tenir pour frivole et puéril. Il doit même avoir en dédain ce qu'il avait en haute estime. Il lui faut brûler ce qu'il avait adoré. Aussi en vient-il plus d'une fois à se demander avec tristesse si c'était bien la peine, pour arriver à ce résultat, de se condamner à de longues, à de pénibles, à de peu attrayantes, à d'ingrates, à de stériles études de grammaire !

Il n'en voit pas plus clairement, au reste, l'utilité de l'usage habituel de la langue latine.

S'il donne à quelques rares élèves d'élite « une grande facilité pour parler latin » (1), cet usage leur inspire aussi trop souvent « une passion pour l'ergoterie (2). » Le très grand nombre a beaucoup de peine à s'exprimer même dans un latin fantaisiste et barbare. Il ne comprend pas toujours très bien le langage de son auteur. Aussi le professeur se croit-il obligé à fournir habituellement des explications en français. Les idées de l'auditoire sur plus d'une question et sur plus d'un système n'en deviennent et n'en sont ni plus nettes ni plus précises. Il lui reste, à leur sujet, un certain vague dans l'esprit. Le manque de précision des termes employés y est bien pour quelque chose. C'est pourquoi sans doute plus d'un auditeur ne retrouve pas facilement dans sa langue maternelle l'équivalent de ceux qu'il a appris de mémoire. Dans son embarras, en pleine conversation philosophique, il a recours, au grand ahurissement de ses interlocuteurs, à des expressions latines plus ou moins techniques et plus ou moins incompréhensibles pour la foule des profanes. Il paraît, par suite, incapable de causer ou de discuter philosophie en français. C'est cependant avec des Français de la fin du dix-neuvième siècle qu'il a à converser et à vivre. C'est, ce semble, dans leur langue qu'il devrait s'habituer à penser, à parler et à discourir. Sa conversation n'en serait ni moins facile, ni moins savante, ni moins agréable, ni moins utile. Et si Cicéron n'avait pas tort de déplorer l'habitude des Romains de parler entre eux philosophie en grec, il est bien permis à nos contemporains de ne goûter, ni dans les études ni dans les entretiens philosophiques, l'emploi de la langue latine. Du moins, à Rome, on avait, en dehors de l'indigence de la langue nationale, l'excuse de parler avec élégance le grec

---

(1) *Revue des Deux-Mondes*, 1ᵉʳ juin 1892 : Taine : *La Reconstitution de la France en 1800.* — *L'École.* — *L'Université de Napoléon.* (Notes empruntées aux notes inédites du Comte Chaptal.)
(2) Id ibid.

d'Athènes : notre langue, au contraire, est riche, et qui pourrait reconnaître dans notre latin usuel la pureté, la facilité, la grâce, la justesse dans son abondance de celui de Cicéron ?

Pour ce qui concerne le livre, le latin est la langue de quelques privilégiés. En écrivant dans cette langue, on s'adresse à un public de plus en plus restreint. On ne peut espérer être ainsi directement utile à un grand nombre de personnes. L'influence exercée de la sorte par nos écrits, si elle est réelle, sera fatalement bornée. Elle sera impuissante à nous faire des disciples ou des adeptes. La plupart de ceux qui l'accepteront partagent déjà nos croyances. C'est tout au plus si nous leur apporterons, sur un sujet donné, quelque lumière nouvelle et trop souvent stérile.

Si on veut se faire lire, si on désire exercer par le livre une action quelconque autour de soi, il faut écrire dans sa langue maternelle, en langue vulgaire.

Et si l'on se propose plus particulièrement d'exposer des doctrines anciennes, nouvelles ou étrangères ; si on vise à en donner l'intelligence ; si on a à cœur d'y ramener ou d'en éloigner les esprits, il faut, à l'exemple des Lacordaire et des Gratry, les traduire en formules nationales et même contemporaines.

Voilà pourquoi il faut savoir gré au cardinal Gonzalez et au Révérend Père G. de Pascal de n'avoir pas hésité, — dans leur désir de servir les intérêts philosophiques et religieux, l'un en Espagne, l'autre en France, — soit à écrire en espagnol, soit à traduire en français l'*Histoire de la Philosophie*.

L'auteur de cet ouvrage mérite aussi des éloges pour la méthode qu'il a suivie. On peut et on doit le féliciter d'avoir donné quelques détails biographiques sur les principaux philosophes, d'avoir exposé nettement et fidèlement leurs doctrines, d'en avoir montré les rapports avec les doctrines antérieures anciennes ou modernes, et d'avoir déterminé leur part de vérité et d'erreur.

Sans cette dernière précaution en particulier, son travail risquait fort de nous être inutile. Il nous aurait uniquement fait connaître les théories des divers philosophes ou des diverses écoles. Mais cette connaissance serait, par elle-même, stérile et vaine. Elle constituerait une sorte d'érudition oiseuse. Ce qui importe, en effet, au philosophe, ce n'est pas tant de savoir ce que les autres ont pensé : c'est avant tout de savoir ce qu'on doit penser soi-même. Aussi le but et le résultat de l'étude de l'histoire de la philosophie devraient-ils être d'apprendre l'une et l'autre chose, sinon l'une par l'autre.

Car notre esprit n'aime pas à rester en suspens entre des doctrines contraires. Il éprouve le besoin d'être fixé sur leur valeur absolue ou relative. L'incertitude n'est point faite pour lui. Flotter à tout vent de doctrine ne saurait toujours ni longtemps lui plaire. Il lui faut des idées arrêtées, au moins sur les problèmes les plus importants de la destinée humaine. Le doute sur ces questions n'est pas un « mol et doux » oreiller pour tout le monde. Connaître la vérité sur ce point est un besoin impérieux pour l'homme. Beaucoup même souffrent de ne pouvoir la découvrir. Si la tranquille indifférence d'un Montaigne est trop fréquente, les tourments d'un Pascal sont moins rares qu'on ne le pense.

L'esprit humain est néanmoins paresseux. Il recule facilement devant l'effort de la pensée. Le travail de la réflexion l'effraye et le rebute. Il est reconnaissant à qui lui en évite la peine et lui en assure le profit.

Aussi doit-on applaudir et remercier le cardinal Gonzalez d'avoir simplifié la tâche du lecteur et d'avoir rendu facile à notre paresse et à notre ignorance le discernement, parfois si laborieux, de la part de vérité et de la part d'erreur d'un système.

On reconnaît, d'ailleurs, sans peine en lui un guide qui mérite la plus grande confiance.

Il montre, en effet, dans l'exposé et dans le parallèle des systèmes, un profond savoir philosophique. Il peut relever, sur la philosophie du moyen âge, les erreurs de ses historiens les plus estimés (1). Et si cette philosophie lui est plus particulièrement familière, il n'ignore les doctrines d'aucun peuple, d'aucun siècle, d'aucune école.

Il apporte, en même temps, dans ses jugements, une grande largeur d'esprit.

C'est ainsi qu'il n'a pas craint de faire, on l'a vu, l'éloge de la raison et de la philosophie.

Il a présenté l'une comme une force progressive, et l'autre comme une cause de progrès et de civilisation.

---

(1) Weber, de Gérando, Hauréau et Rousselot. Voir card. Gonzalez, *Hist. de la phil.*, t. II, p. 180, 315, 357.

Il défend les forces et les droits de la première. Lui refuser la possibilité d'acquérir par elle-même des connaissances scientifiques, ce serait, dit-il après Henri de Gand, méconnaître à la fois sa dignité et son essence (1).

Il voit en elle, comme saint Thomas, la règle et la mesure immédiate de la moralité de nos actes (2).

Il relève, sans protester contre elles et même en s'y associant, les revendications faites en sa faveur par quelques scolastiques.

Quelques-uns, en effet, affirmèrent et revendiquèrent hautement ses droits. Ils proclamèrent, en particulier, son indépendance dans l'ordre naturel et scientifique. Ils prétendirent la soustraire, en pareille matière, à toute autorité (3). Nous avons déjà vu, sur ce point, les déclarations si franches, si nettes, si catégoriques, de Durand de Saint-Pourçain. Leur auteur est sans conteste le philosophe scolastique le plus indépendant, le plus libre, le plus partisan de l'autonomie de la raison (4). Nul, plus que lui, n'a eu, au moyen âge, des idées larges sur la science humaine et sur les exigences de son mouvement (5). Cependant, dans sa défense de la liberté de la science et de l'indépendance de la raison, il ne dépassa point les limites du principe catholique (6). C'est ce que le cardinal Gonzalez, bon juge en la matière, déclare dans les termes les plus formels. Il ne fait même sur ce point, pour notre philosophe, aucune réserve dans son éloge.

Il n'a garde non plus, quoique scolastique, de condamner, dans son ensemble, la philosophie antérieure ou postérieure au moyen âge. Au contraire, il sait lui rendre hommage.

Ainsi la philosophie grecque lui paraît être un mouvement des plus remarquables de la pensée humaine (7). Il en constate, en particulier, les efforts, dans la dernière période de son existence, pour s'élever à la connaissance scientifique de Dieu et des choses divines dans leurs rapports avec l'homme et avec le monde (8).

---

(1) Id. ibid., t. II, p. 345.
(2) Id. ibid., t. II, p. 293.
(3) Id. ibid., t. II, p. 379, 388, 389.
(4) Id. ibid., t. II, p. 387.
(5) Id. ibid., t. II, p. 387, 388.
(6) Id. ibid., t. II, p. 388, 389.
(7) Id. ibid., t. I, p 544.
(8) Id. ibid., t. I, p. 545.

Il reconnait que ses efforts ne furent, dans leur ensemble, ni stériles ni vains. La pensée hellénique a été, selon lui, l'un des facteurs les plus importants de la civilisation et du progrès (1). Elle sut donner de grands exemples d'austérité morale; elle sut combattre les graves erreurs du polythéisme idolâtrique ; elle sut même mourir avec héroïsme pour la défense de la vérité religieuse (2). Et la philosophie en elle-même, loin d'être condamnable, serait utile et même nécessaire à la théologie (3). Il est impossible, dit le cardinal Gonzalez après Dominique de Flandre, d'être un véritable théologien, si l'on ne connait pas la métaphysique (4).

On ne saurait, en vérité, attendre de lui un excès d'indulgence ou de tendresse pour la philosophie moderne. Tout ce qu'on peut lui demander, c'est d'être juste envers ses représentants et de reconnaitre au moins leur mérite.

C'est ce qu'il fait, au reste, ou s'efforce de faire de bonne grâce. Ainsi, pour nous en tenir à un seul exemple, Hégel est autre chose, à ses yeux, qu'un grand sophiste : c'est aussi un grand penseur (5). C'est encore une des figures les plus imposantes et les plus extraordinaires de l'histoire (6). Il a exercé une influence peu commune, universelle et décisive, dans toutes les sphères de la pensée contemporaine (7). Et il n'y a pas lieu de s'en étonner. Sa pensée, en effet, a pénétré toutes les formes du savoir humain (8). Il y a, dans sa conception, des points de vue surprenants, des beautés admirables, des pensées profondes, des intuitions lumineuses, très propres à séduire l'esprit (9). En présence de cette profondeur de pensée, de ces traits de lumière, de cette construction lumineuse, l'esprit humain se sent comme entraîné à l'admiration et à l'enthousiasme (10). Et — éloge d'une portée exceptionnelle sous la plume d'un néo-scolastique — on retrouverait, nous l'avons déjà signalé, dans les points de vue

---

(1) Id. ibid., t. I, p. 545.
(2) Id. ibid., t. I, p. 546.
(3) Id. ibid., t. II, p. 249, 250, 410.
(4) Id. ibid., t. II, p. 419.
(5) Id. ibid., t. IV, p. 64.
(6) Id. ibid., t. IV, p. 63.
(7) Id. ibid., t. IV, p. 63.
(8) Id. ibid., t. IV, p. 63.
(9) Id, ibid., t. IV, p. 67.
(10) Id. ibid., t. IV, p. 68.

les plus originaux d'Hégel, des analogies avec les idées propres aux scolastiques, en particulier à Albert-le-Grand et à saint Thomas (1). Le cardinal Gonzalez regarde même l'hégélianisme comme la révélation la plus surprenante de la puissance humaine. Il en appelle le père l'Aristote des temps modernes. Enfin, il en vient à dire que, s'il avait été fidèle à l'idée chrétienne, Hégel aurait pu être le Saint Thomas du dix-neuvième siècle (2). C'est, pour notre auteur, le comble de l'éloge.

Il donne, en effet, toutes ses préférences à la scolastique. Néanmoins, il ne se laisse pas aveugler par son amour pour elle. Il en signale sans faiblesse les travers et les défaillances au xiie siècle. Le formalisme était alors excessif chez les maîtres et chez les écoliers. L'abondance du langage passait pour science. Le verbiage sonore et creux se confondait avec le savoir. Les mots tenaient lieu d'idées et couvraient le vide de la pensée. Voltaire aurait pu voir, dans les livres et dans les discussions du temps,

Un déluge de mots dans un désert d'idées.

La philosophie consistait à amonceler paroles sur paroles, et à accumuler des formules vides de tout sens réel et pratique (3). Et si le philosophe touchait à toutes les questions, il les laissait toutes sans solutions précises (4). Jean de Salisbury s'élevait, mais en vain, contre les subtilités et les arguties à la mode (5). Godefroy ou Gauthier, abbé de Saint-Victor, se plaignait, de son côté, et non sans quelque raison, « de la légèreté scolastique (6) »

Même au xiiie siècle, au moment de son plein épanouissement et de son plus grand éclat (7), la scolastique a ses nuages et ses taches.

Elle donne toutes ses préférences aux méthodes rationnelles et déductives (8). Elle néglige, jusque dans les sciences psychologiques et morales, l'observation, pourtant si nécessaire, des

---

(1) Id. ibid., t. IV, p. 68, 69, 70, 71; 72; t. II, p. 237, 238.
(2) Id. ibid., t. IV, p. 67, 68.
(3) Id. ibid., t. II, p. 186.
(4) Id. ibid., t. II, p. 186.
(5) Id. ibid., t. II, p. 185, 186.
(6) Id. ibid., t. II, p. 189.
(7) Id. ibid. t. II, p. 199.
(8) Ib. ibid. t. II, p. 317.

phénomènes et des faits(1). Rien ne peut vaincre, sur ce point, l'aveuglement et l'opiniâtreté de son parti pris.

Roger Bacon s'efforce cependant de faire ressortir l'insuffisance et le vide des méthodes en honneur. Il démontre, en les exagérant il est vrai, la nécessité et le mérite des méthodes dédaignées. C'est bien vainement ! il ne peut triompher des résistances générales. Ses plaidoyers en faveur de la méthode expérimentale et inductive ne convainquent personne. L'unique résultat de ses efforts est de mécontenter tout le monde, d'irriter les esprits, de se rendre suspect et de s'attirer mille cruels déboires (2).

L'âge d'or de la scolastique ne fut pas, d'ailleurs, de longue durée.

Dès le premier tiers du xiv° siècle, des symptômes de décadence apparaissent (3). Un mouvement de réaction se produit dès lors contre les subtilités, les abstractions et le formalisme de quelques scolastiques (4). Les exagérations du mysticisme s'accentuent et ne tardent pas à prédominer (5). La philosophie scolastique dégénère évidemment (6) et reste, pour ainsi dire, stérile pendant plus de deux siècles (7). Elle est, en quelque sorte, impuissante à empêcher la morale de s'altérer (8) et les esprits de s'égarer (9). Alors se forme, dans les foules, « une conception étroite de la religion, de la morale et de la science. L'imagination populaire peuple l'atmosphère d'esprits et d'apparitions divines. Elle entoure l'homme de sorcelleries, de fantômes et d'opérations magiques. Elle transforme l'histoire en je ne sais quelle légende merveilleuse et fantastique (10). »

La décadence de la philosophie scolastique s'accroît avec le temps et atteint son plus grand développement pendant le xv° siècle (11). Les longs et lourds commentaires publiés alors sur Aristote nous donnent une idée de l'état d'esprit des philoso-

---

(1) Id. ibid t. 11, p. 317.
(2) Id. ibid. t. II, p. 316.
(3) Id. ibid. t. 11, p. 390.
(4) Id. ibid. t. 11, p. 391.
(5) Id. ibid. t. 11, p. 391.
(6) Id. ibid. t. 11, p. 391.
(7) Id. ibid. t. 11, p. 390.
(8) Id. ibid. t. 11, p. 392.
(9) Id. ibid. t. 11, p. 391.
(10) Id. ibid. t. 11, p. 391.
(11) Id. ibid. t. 11, p. 393.

phes (1). Les petits abrégés de logique — *summulæ logicales* — de Pierre l'Espagnol, adoptés et suivis, pendant près de trois siècles, dans presque toutes les écoles, nous permettent de juger de l'enseignement des maîtres (2). La lecture de ces livres explique et justifie les moqueries et les diatribes d'Erasmo et de ses contemporains (3). Le cardinal Gonzalez le confesse, et de tels aveux témoignent de sa droiture et de sa largeur d'esprit.

Cet historien de la philosophie, éminent à tant de titres, a su ainsi se préserver d'un engouement trop fréquent parmi les néo-scolastiques.

Il a su de même, malgré son amour pour lui, se défendre d'une admiration servile pour le docteur par excellence du moyen âge : pour saint Thomas.

La philosophie de ce grand docteur lui apparaît, il est vrai, si j'en crois son traducteur, « comme le plus haut point où l'esprit humain soit parvenu (4) ».

Il n'y aurait là, toutefois, rien que de relatif. Le traducteur ajoute, en effet : « eu égard aux ressources dont disposait le moyen âge (5). »

Cette philosophie serait, dès lors, aussi parfaite que possible, mais en tenant compte du temps où elle fut conçue. Elle n'a donc pas la perfection absolue. Elle aurait pu être autre, si les circonstances avaient été plus favorables. Les progrès de l'esprit humain permettent sans doute de la compléter et d'en combler certaines lacunes Peut-être aussi pourrait-on, sous leur influence, la modifier sur quelques points. Il n'y a pas lieu, du moins, de condamner et de rejeter tout ce qui ne se trouve pas en elle. Il est permis, enfin, de n'être l'esclave ni de sa méthode, ni de sa forme, ni surtout de sa terminologie.

---

(1) Id. ibid. t. 11, p. 393, 394.
(2) Id. ibid. t. 11, p 338, 394. Pierre l'Espagnol (1226-1277) fut pape sous le nom de Jean XXI.
(3) Id. ibid, t. 11, p. 394.
(4) Id. ibid. t. 1. *Avant-Propos du traducteur.*
(5) Id. ibid. t 1. *Avant-Propos du traducteur.*

VII

Est-ce à dire que l'œuvre du cardinal Gonzalez échappe à toute critique ?

La perfection dans les ouvrages de l'esprit ne saurait être que relative. Les œuvres les plus parfaites ont fatalement leurs imperfections. Ce sont de ces taches légères dont parle Horace (1). Elles ont leur raison d'être et leur cause dans les bornes et les défaillances de la volonté et de l'esprit humain. Les plus grands génies eux-mêmes ne peuvent les éviter, et on en rencontre jusque dans les plus incontestables chefs-d'œuvre.

Souvent, au reste, loin de nuire à l'ensemble d'une œuvre, elles en font mieux ressortir le mérite. On peut plus d'une fois dire d'elles :

C'est une ombre au tableau qui lui donne du lustre.

Mais si elles ont droit à notre indulgence, c'est néanmoins un devoir pour le critique de les relever et de les signaler.

Le cardinal Gonzalez approuve, dans une certaine mesure, l'indépendance intellectuelle. Il a écrit en partie son livre en vue de développer chez ses lecteurs l'esprit critique. Il enseigne, par son exemple, à se garder d'une admiration servile. Il nous apprend, par sa propre conduite, à juger sans faiblesse les plus grands génies. Aussi daignera-t-il me permettre de faire, après tant d'éloges, quelques respectueuses réserves sur sa langue, sur sa méthode et même sur l'esprit de son œuvre.

Ainsi, il écrit pour tous ses compatriotes. Son but est de se faire lire le plus possible en Espagne et de se faire comprendre de la généralité de ses lecteurs. C'est même ce qui l'a déterminé à se servir de la langue espagnole.

Comment, dès lors, expliquer, dans son livre, en dehors de l'exposé des systèmes, l'emploi et la rencontre de certains termes scolastiques ? Tels sont, par exemple, les mots « matière » et « forme », « matière interne », « matière externe » et « forme

---

(1) *Non ego paucis*
Offendar maculis quas aut incuria fudit,
Aut humana parum cavit natura
  Horace, *ad Pisones, v. 351-353.*

substantielle » appliqués à l'histoire de la philosophie (1). Telle est encore l'expression « informer » dans la phrase suivante : « Le principe qui *informe* la conception logico-métaphysique d'Aristote (2). »

Ces termes ne nous disent guère plus rien. La foule des lecteurs en a perdu l'intelligence. Le monde savant peut à peine y attacher un sens précis. Ils n'appartiennent plus aux langues contemporaines. Ils ont disparu des dictionnaires philosophiques. S'ils y figurent encore, c'est à titre purement historique. Dans tous les cas, il nous est très difficile, en France, de les comprendre.

Peut-être, il est vrai, sont-ils moins inintelligibles en Espagne, où l'étude de la scolastique s'est plus longtemps et mieux conservée, et où elle est plus répandue.

Des différences d'esprit entre les deux pays doivent, sinon nous empêcher de les signaler, du moins nous rendre indulgents pour certaines particularités du style.

L'Espagnol aime l'abondance, une certaine redondance ne lui déplait même pas, et l'emphase lui est, pour ainsi dire, naturelle.

Ce sont des qualités à ses yeux ; pour nous, au contraire, ce sont autant de défauts.

Il en est ainsi plus particulièrement dans les ouvrages d'un certain genre. L'histoire de la philosophie rentre dans cette catégorie. Elle est pour nous une véritable science. A ce titre, elle doit être écrite dans une langue scientifique. La pensée y prime tout. Rien de ce qui peut distraire l'esprit n'y est de mise. Les ornements en sont, en général, bannis. Les figures y sont discrètement employées. On n'y retrouve guère que celles du langage ordinaire. Tout ce qui s'éloigne de la simplicité en est exclu. Le terme propre semble seul pouvoir y trouver place. Rien n'y est donné à l'éclat de la phrase : on y évite toute apparence de prétention littéraire ; on en bannit presque la période; on y veut surtout et avant tout un style simple, sobre, clair, net et précis.

Or, sur ce point, le cardinal Gonzalez ne serait pas, à nos yeux, à l'abri de tout reproche. La sobriété lui fait quelquefois défaut, il ne recule pas devant la redondance, il affectionnerait même la grande ampleur et sans doute la grande sonorité dans la phrase, il pousse jusqu'à l'abus l'emploi de certaines figures. Il

---

(1) Card. Gonzalès : *Hist de la Philosophie* t. 1, p. 10, 11, 12.
(2) Id. ibid. t. 1. p. 285.

aime, par exemple, à désigner sans cesse Aristote sous le nom de « disciple de Platon », ou sous celui de « philosophe de « Stagyre » ou de « stagyrite ». Il n'a pas appris, à l'école de Pascal, qu'il est des circonstances où Paris doit s'appeler « Paris » et d'autres où on doit l'appeler « capitale du royaume».

Ce sont, il est vrai, de légers défauts dont il n'est pas entièrement responsable. Ils sont imputables à l'esprit de sa nation et au génie de sa langue. Peut-être aussi auraient-ils été atténués, s'il avait écrit avec moins de hâte, avec plus de loisir et non au milieu des labeurs de l'épiscopat.

Ce qu'on est plus en droit de regretter chez lui, c'est que, dans ses citations des philosophes grecs, il ne donne ni le texte original, ni une traduction personnelle, et se borne à reproduire simplement une traduction latine de la Renaissance. Cette traduction, quel qu'en soit le mérite, ne peut faire loi. Elle est sans autorité pour nous. Nous voulons les paroles mêmes de l'auteur. Il nous les faut pour comprendre, interpréter et discuter sa doctrine. Sans elles, nous faisons plus ou moins œuvre de foi, non œuvre de science ; nous nous prononçons d'après la parole d'un autre, non d'après des documents authentiques.

C'est là un des côtés défectueux de la méthode du cardinal Gonzalez. Ce n'est malheureusement pas le seul. Il en est un autre plus grave encore.

Cette méthode, malgré toutes ses qualités, est et reste incomplète. Elle expose, sans citer, sans rapprocher et discuter les textes originaux, une doctrine ou un système. Elle laisse ignorer les termes essentiels dont se sont servis les plus grands philosophes grecs, et que doivent connaître les plus modestes candidats au baccalauréat ès-lettres. Elle a surtout le tort, autrement sérieux, de négliger, dans un système, ce qu'on appelle les rapports internes (1).

Si elle fait connaître en détail l'enseignement d'un philosophe ou d'une école sur Dieu, sur l'homme, sur le monde, elle n'en signale point l'idée première et fondamentale. Ou bien, si elle l'indique, elle ne montre point, à son égard, la dépendance des divers points de la doctrine ni leur harmonie ou leur désaccord entre eux.

(1) Voir notre travail sur l'*Etude de l'Histoire de la Philosophie* en Allemagne et en France, p. 12, et l'*Histoire de la Philosophie des Grecs*, de Zeller. Introduction de M. Boutroux, t. I, p. XXXIX-XLIII.

Ainsi, par exemple, la théorie de la matière première et de la forme substantielle, ou, si l'on veut, des causes, nous est bien présentée comme le point culminant et le centre de la philosophie d'Aristote, mais c'est en passant, sans preuves à l'appui, sans indication des rapprochements à faire (1).

Il n'en est pas autrement pour la théorie des idées. Elle nous est présentée, elle aussi, comme la clé, le point capital et le centre de la philosophie de Platon (2). Mais, en dehors de la théorie de la connaissance, on n'en retrouve, pour ainsi dire, plus de traces dans l'exposé de la doctrine de ce philosophe, et on n'en soupçonne ailleurs ni l'importance ni le rôle. Nous ne voyons plus, en particulier, comment la communauté des biens, des femmes et des enfants s'y rattache et est une conséquence de la conception platonicienne de l'individu et de l'État.

Il y a des influences auxquelles on ne peut entièrement se soustraire. Les esprits les plus larges et les plus indépendants les subissent eux-mêmes dans une mesure quelconque. Le cardinal Gonzalez n'y a point échappé : on rencontre, dans son œuvre, des traces de préjugés de temps, de croyances religieuses, d'école.

Notre siècle, malgré des tendances rationalistes, n'a pas été favorable à la raison. Le traditionalisme, pour ne pas parler du positivisme, a été longtemps en faveur parmi nous. Il n'a pas tenu à ses nombreux partisans de faire croire à l'impuissance, plus ou moins absolue ou relative, de l'esprit humain et à l'influence néfaste des philosophes. Le cardinal Gonzalez a su, il est vrai, se défendre contre ces exagérations ou plutôt contre ces erreurs. Il a rendu hautement hommage à la raison et à la philosophie et a reconnu sans détour les droits de l'une et les services de l'autre. Néanmoins, il semble plus d'une fois regretter ses éloges, il revient çà et là sur les concessions faites, il en atténue le plus possible la portée et, par des réserves excessives, devient, comme un simple traditionaliste, injuste pour le passé et injurieux pour l'avenir de la philosophie.

Ainsi il se plait à signaler les défaillances de la raison dans l'histoire, et, loin de les expliquer par sa faiblesse native, par ses bornes naturelles, par la méconnaissance des lois de son

---

(1) Cardinal Gonzalez : *Histoire de la philosophie*, t. I, p. 328.
(2) Id. ibid., t. I, p. 278, 328, 237.

A C.

développement et surtout par un excès de hâte dans sa marche en avant, il les attribue à une cause morale comme l'orgueil. Tel serait le crime des anciens philosophes et plus particulièrement des stoïciens, qui, réduits aux seules lumières rationnelles, eurent foi en elles, ne désespérèrent pas de la vérité, marchèrent avec confiance à sa recherche et s'efforcèrent de la conquérir. Leurs erreurs devaient être le châtiment de cette présomption coupable (1). Il aurait été sans doute plus sage de résister aux sollicitations inquiètes d'une curiosité instinctive, de se résigner sans lutte aux douceurs d'une ignorance calme et tranquille, et d'attendre paisiblement au milieu des ténèbres intellectuelles, la venue spontanée de la lumière ! Tel le paysan d'Horace attendait, pour traverser le fleuve, l'écoulement complet ou l'arrêt de ses eaux (2).

L'intelligence humaine n'est pas frappée d'impuissance. Il est des vérités qu'elle peut atteindre, si elle ne peut les dépasser. Or, ce fut et ce sera toujours sagesse et vertu de tenter quelques pas, quoiqu'on ne puisse aller fort loin, et de s'efforcer d'arriver à la vérité, quoique l'entreprise puisse être hardie et dangereuse. Plus même les obstacles sont grands et le succès douteux, plus les efforts sont méritoires et dignes d'éloges. D'ailleurs, dans le monde intellectuel, rien ne se fait en vain ; les efforts ont toujours un résultat ; si le succès ne les couronne pas sur l'heure, ils ne sont point pour cela inutiles ; les siècles futurs en bénéficieront et profiteront même des erreurs des siècles précédents : la science contemporaine n'est-elle pas, dans sa plus grande partie, l'héritage ou plutôt la résultante des longues, des patientes et plus d'une fois momentanément stériles recherches de toutes les générations antérieures ? Aussi, au lieu de réprouver, comme entachées d'orgueil et dès lors condamnables, les tentatives studieuses des anciens philosophes, il y aurait plus de justice, sinon plus de logique, à y applaudir, et à les juger avec une indulgente reconnaissance.

Le cardinal Gonzalez aurait pu encore, sur un autre point, être plus équitable envers la philosophie. Car s'il l'a présentée comme une cause de progrès moral, et s'il lui a attribué une part dans l'œuvre de la civilisation des peuples, il a cherché

---

(1) Id. ibid., t. I, p. 357, note.
(2) Horace, Epîtres, I, II, 42, 43.

aussi à amoindrir son rôle et son influence sociale (1), et il lui a refusé jusqu'au mérite et à l'honneur d'avoir conçu et eu, chez les Grecs, l'idée de progrès (2). Et cependant, si cette idée ne se trouve pas au fond de la théorie du perpétuel devenir d'Héraclite, est-il possible de ne pas la voir dans la doctrine morale de Platon assignant pour fin à l'homme de travailler à se rendre de plus en plus semblable à Dieu ? Et un néo-scolastique peut-il la méconnaître dans le système cosmologique d'Aristote ?

Dans ce système, sous l'influence incessante, — quoique inconsciente, — de la cause première, le monde se forme et se transforme. Le règne minéral commence d'abord, le règne végétal lui succède et est suivi du règne animal. Chaque ordre l'emporte sur le précédent. Dans le dernier, les espèces se suivent de plus en plus parfaites. Chacune d'elles a les qualités des espèces antérieures et des qualités nouvelles, différentielles, caractéristiques, propres. Sa supériorité s'affirme ainsi. Le progrès apparaît et s'atteste de la sorte dans toute l'échelle des êtres, depuis le plus infime jusqu'au plus élevé. Il est partout dans la nature.

Le cardinal Gonzalez a en vue, il est vrai, le progrès humain. Mais ce progrès, individuel ou social, implicitement admis par Platon, est essentiel dans le système d'Aristote. L'homme n'y est pas exclu du privilège de tout être de tendre à une forme supérieure(3). La théorie du passage de la puissance à l'acte a, à chaque instant, son application en lui. La vertu humaine est regardée comme une habitude acquise. Enfin la morale est considérée comme une science préliminaire dont le but serait de préparer le bonheur des États par la perfection des individus. Aussi, ne peut-on sans injustice dénier à la Grèce l'idée même du progrès humain.

On ne peut non plus, sans faire injure à la raison, désespérer

(1) Cardinal Gonzalez, *Histoire de la philosophie*, *préface de l'auteur*, p. XV.
(2) Id. ibid., p. XVIII.
(3) En réalité, ce privilège lui est refusé. L'homme est, en effet, pour Aristote, le chef-d'œuvre de la nature. C'est l'être organique par excellence. Il est le but final et le terme de toutes les formations progressives du règne animal. Sa forme est la plus parfaite possible. Il ne lui est pas donné d'aspirer ni de pouvoir s'élever à une plus haute. Mais, pour les raisons exposées, il n'en est pas moins — comme individu, sinon comme espèce — essentiellement perfectible. C'est ainsi qu'il tend, et que, à force d'efforts ou de génie, il peut arriver, au moins accidentellement et passagèrement, à ce qui est le partage habituel et nécessaire de Dieu, à la pure contemplation de l'intelligible vérité.

ni même douter de son avenir. Pourtant le cardinal Gonzalez, après l'avoir donnée comme une force et une force progressive, n'ose, comme philosophe, en présence des progrès de l'anarchie intellectuelle, espérer en son triomphe. Il lui faut la foi du chrétien pour ne pas croire à sa défaite définitive (1). L'influence inconsciente du traditionalisme lui fait ainsi méconnaître, avec la puissance native de notre esprit, les leçons de l'histoire et la valeur de plus d'un indice des temps présents.

Sans doute, comme il le prétend, un certain scepticisme se dégage d'abord de la lecture de l'histoire de la philosophie. Mais cette impression première ne tarde pas à s'affaiblir ; elle fait bientôt place à une autre plus favorable, moins pénible, plus juste ; la foi succède au doute ; la confiance en l'esprit humain renaît au souvenir de ses vicissitudes historiques et des tempêtes au milieu desquelles, ballotté au souffle du vent de toutes les doctrines, il a flotté tant de fois sans sombrer jamais ?

La raison, en effet, à son premier éveil dans l'histoire, est faible et chancelante. Elle est, pour ainsi dire, inconsciente d'elle-même. Elle avance à pas lents, incertaine dans sa marche, et comme à tâtons. Peu à peu elle prend le sentiment de sa force, sa marche devient plus rapide et plus sûre, ses progrès s'étendent et s'accélèrent, elle arrive enfin un jour à son plein épanouissement. Son développement s'arrête alors, bientôt le déclin commence, la décadence survient, quelquefois la décrépitude en est le dernier terme.

Il en est ainsi et pour l'individu et, hélas ! aussi pour les peuples. Toutefois, pour les peuples, la raison n'est point à jamais, ici-bas, frappée de dégénérescence ; elle n'est pas condamnée à languir dans une éternelle torpeur ; elle se réveille tôt ou tard et reprend conscience et possession d'elle-même. Les phénomènes déjà signalés se reproduisent encore et aboutissent au même dénouement.

C'est du moins ce que nous apprend l'histoire, bien méditée et bien comprise. Elle nous montre qu'il en a été ainsi dans la Grèce, des premiers philosophes à Œnésidème et à Sextus Empiricus, en passant par Socrate, par Platon et par Aristote. Il n'en fut autrement ni pour l'Ecole d'Alexandrie, ni pour les Pères de l'Eglise, ni pour le moyen âge. La scolastique, en par-

(1) Id. ibid, t. IV, p. 495, 496, 497, 498, 499.

ticulier, un moment dans tout le rayonnement de la faveur et de la gloire, aboutit à l'anarchie intellectuelle de la Renaissance, et celle-ci fut suivie de l'un des plus grands siècles philosophiques de l'humanité.

Il en sera de nos jours comme dans le passé. Il n'y a pas lieu pour nous, malgré les épreuves de l'heure présente, de désespérer de l'avenir de la raison et de la philosophie. Au contraire, tout semble nous engager à l'attendre avec confiance. La raison n'a pas cessé d'être une force. Sa puissance, loin de s'affaiblir, s'est accrue par le seul fait de ses efforts, de ses découvertes, de ses conquêtes. Elle a des ressources exceptionnelles, inconnues des siècles précédents. Le progrès général des sciences lui en fournit chaque jour de nouvelles. Le champ de ses observations s'est étendu et agrandi. Il s'en est même ouvert de nouveaux à ses recherches. Les moyens d'étude dont elle dispose sont plus nombreux et plus puissants. Ses méthodes, perfectionnées, atteignent un rare degré de rigueur et d'exactitude. L'amour de la vérité n'a rien perdu de sa force ni de son intensité parmi les hommes. Beaucoup de bons esprits se passionnent encore pour elle et consacrent leurs efforts à sa recherche ou à son triomphe. Le spiritualisme semble même avoir un regain de faveur. La littérature contemporaine en trahit le réveil, soit dans le roman, soit dans le drame (1).

Les temps désirés, prévus et annoncés par J. de Maistre, pourraient bien ne pas tarder à arriver. Il suffirait, pour en déterminer la venue, qu'un homme de génie parût et réunit en lui, avec la foi chrétienne, toutes les sciences contemporaines. Hégel, au dire du cardinal Gonzalez, aurait pu être cet homme. Serait-il, dès lors, téméraire de se croire à l'aurore de beaux jours pour la philosophie, et n'est-il pas, du moins, injurieux pour elle de la tenir, ainsi que la raison, pour irrémédiablement perdue ? Un traditionaliste pourrait seul le nier ou le contester.

Mais le traditionalisme n'est pas la seule influence que le cardinal ait subie, pour ainsi dire, sans s'en apercevoir. Ses croyances religieuses ont aussi influé sur quelques-uns de ses jugements, et l'ont rendu sévère, malgré lui, à l'égard de telles doctrines ou de tels philosophes.

---

(1). Voir notre travail sur « *Un Prétendu nouveau mysticisme.* » *Revue du monde catholique*, 1ᵉʳ *décembre 1891.*

Au fond, elles ne sont pas étrangères à la rigueur de ses critiques accidentelles, déjà signalées, contre la raison et contre la philosophie. S'il semble avoir peur, en effet, d'avoir trop accordé à l'une et à l'autre, c'est dans la crainte de paraître diminuer la nécessité ou le prix de la révélation. Ainsi, s'il restreint la part de la philosophie dans l'œuvre de la civilisation des peuples, c'est pour accroître celle du christianisme (1), et s'il refuse aux Grecs le mérite d'avoir eu l'idée du progrès humain (2), c'est pour en attribuer exclusivement l'honneur et la gloire à l'Evangile.

Tout parallèle de doctrine ou de personne avec l'Evangile ou avec Jésus-Christ l'irrite. Il le signale et le relève avec indignation. C'est toujours pour lui le prétexte et le motif de quelque exécution philosophique.

Çakya-Mouni était un fils de roi. Elevé à la cour de son père, il en suit les errements et les usages. Il ne dédaigne ni les honneurs ni les plaisirs. Il vit dans le luxe et dans la mollesse, et prend, selon les mœurs du pays, jusqu'à trois femmes à la fois. Mais un jour, vers sa vingt-huitième année, pénétré du néant des choses humaines, il renonce à tous les avantages de sa naissance, de son rang et de sa fortune ; il se retire dans la solitude, se condamne aux austérités de l'ascétisme, et prêche, avec le détachement complet des choses d'ici-bas et la mort à soi-même, l'égalité et la fraternité humaines. Sa conduite n'a plus rien désormais de répréhensible ; sa morale sociale est conforme à la loi naturelle et se rapproche le plus de la morale chrétienne ; il échappe, de ce double chef, à tout blâme. Mais on a comparé sa personne à celle de Jésus-Christ, et sa doctrine à l'Evangile, et le cardinal Gonzalez, oublieux d'un mot évangélique, lui reproche les écarts de sa vie première, comme s'ils n'étaient pas excusables dans une certaine mesure, et ne rendaient pas plus difficile et plus méritoire la dernière partie de son existence ! Et, insensible à tant de belles et nobles maximes, il glisse sur la grandeur et sur l'élévation des préceptes de Çakya-Mouni, et, arguant de son silence sur Dieu, il insiste, au contraire, sur son prétendu athéisme (3).

(1) *Cardinal Gonzalez, Histoire de la philosophie.*
Préface, p. xv et seqq.
(2) Id. ibid.
Préface, p. xviii, xix.
(3) Id. ibid. T. 1. p. 46, 49, 50, 33 (note).

« Veillerz ans cesse à être toujours d'accord avec soi-même ; se croire destiné à travailler constamment au maintien de l'ordre universel et du règne de la raison sur la terre ; s'estimer, à ce titre, le collaborateur et l'auxiliaire de la divinité ; regarder la vertu comme le seul bien, et considérer tout le reste comme indifférent ; se détacher du monde, des honneurs, des dignités, de la gloire ; avoir un souverain mépris pour les plaisirs, pour la douleur et pour la mort ; reconnaitre pour unique barrière le mal moral ; tenir les moindres défaillances de la volonté pour condamnables à l'égal des plus grands crimes ; rester, en toute circonstance, maitre de soi, impassible et résigné ; pratiquer la vertu pour elle-même, en dehors de toute crainte de châtiment et de tout espoir de récompense : telle est, en substance, la morale stoïcienne ».

« Elle a un caractère indéniable de grandeur. Elle étonne et inspire le respect et l'admiration. Elle nous apparait comme surhumaine. Pascal la trouve presque divine (1). » Le cardinal Gonzalez lui-même en reconnait l'élévation et la supériorité (2). Malheureusement, on l'a présentée comme le type et la source de la morale chrétienne (3). Dès lors, sa supériorité est plus apparente que réelle : l'orgueil devient l'unique source de son inspiration ; elle est nécessairement corrompue et corruptrice ; et, conséquence inattendue et même contradictoire chez notre auteur, la raison humaine est déclarée, de ce fait, impuissante par elle-même à découvrir et à formuler un système complet de morale qui ne contienne rien de contraire à la saine raison (4).

Platon proclame l'existence de Dieu (5); il voit en lui le principe et l'inspiration nécessaire de nos paroles, de nos pensées, de nos résolutions (6); il le présente comme la loi des sages et des hommes vertueux (7); il fait un devoir de l'honorer et de lui demander aide et secours (8); il regarde, au contraire, le plaisir

---

(1) V. notre travail sur *l'Etude de l'Histoire de la Philosophie en Allemagne et en France*.
(2) Cardinal Gonzalez, *Histoire de la Philosophie* T. 1 p. 365. Il reconnaît même que « le stoïcisme est une des Ecoles philosophiques de l'antiquité qui ont eu la vie la plus large et la plus brillante » p. 365.
(3) Id ibid. p. 358 (fin de la note).
(4) Id. ibid. T.1 p. 357.
(5) Id. ibid. T. 1. p. 248.
(6) Id. ibid. T. 1 p. 259.
(7) Id. ibid. T. 1. p. 259,260.
(8) Id. ibid. T. 1. p. 259.

comme la règle des pervers(1); il lui refuse, ainsi qu'à la richesse, si on les compare l'un et l'autre à la vertu, le nom de bien (2); il réserve ce nom exclusivement à la vertu, et il la préfère à toute chose (3) ; c'est, à ses yeux, un devoir de s'abstenir de faire du mal à un autre, aurait-on à venger sur lui des injures et des dommages graves. Il évite ainsi les erreurs religieuses de Çakya-Mouni et des Stoïciens, tout en reproduisant quelques-unes de leurs vues et de leurs maximes. C'est en vain ! Il a beau s'élever à des hauteurs philosophiques inconnues avant lui (4), avoir des pensées dignes d'un philosophe chrétien (5), et enseigner des doctrines de la plus haute moralité (6): on a comparé sa République à l'Eglise chrétienne (7); c'en est assez pour être à son égard un juge rigoureux, passionné, partial, et pour apercevoir surtout, dans son système, de détestables et horribles doctrines (8) !

Certes, il est pénible pour un croyant de voir méconnaître l'Evangile et son divin héros ; il lui est permis de regarder comme blasphématoire toute comparaison avec l'un ou avec l'autre ; il a le droit de la tenir pour une œuvre d'aveuglement, d'ingratitude et quelquefois de haine, et c'est une cause de véritable et légitime souffrance pour son âme de rencontrer de tels phénomènes où pourraient et devraient, au contraire, se trouver la lumière, la reconnaissance et l'amour.

Mais l'Evangile en lui-même n'en est ni diminué ni atteint. Il n'en reste pas moins le livre par excellence. Nul autre ne saurait lui être comparé dans son ensemble. Il défie tout parallèle. Toute comparaison, loin d'être un outrage, tourne à sa gloire et serait plutôt un hommage rendu à son mérite. Sa supériorité, ainsi affirmée, est reconnue même de ses adversaires. Il reste pour tous la plus haute expression de la vérité et de la grandeur morale. Et si l'on fait un reproche à ses disciples, ce n'est pas de le suivre à la lettre, c'est, au contraire, de méconnaître son esprit, sa doctrine, ses préceptes.

(1) Id. ibid. T. 1 p. 260.
(2) Id. ibid. T. 1. p. 259.
(3) Id. ibid. T. 1 p. 259.
(4) Id. ibid. p. 266.
(5) Id. ibid. T. 1. p. 260
(6) Id. ibid. T. 1. p. 259.
(7) Id. ibid. T. 1. p. 22, 6 f 65.
(8) Id. ibid. T. 1 p. 264 Il est à remarquer que la communauté des biens et des femmes, tant reproché à Platon et particulièrement visée par le Cardinal Gonzalez, si elle est admise dans la *République*, est rejetée dans les *Lois*.

De même, la figure du Christ plane, domine et rayonne sur les hauteurs idéales. Elle n'a rien à redouter d'aucun voisinage. Rien ne peut approcher d'elle. Toute majesté terrestre pâlit à côté de sa simplicité, de sa douceur, de sa bonté. Sa gloire éclipse et efface toute gloire humaine. Aucune ne lui est comparable, même de loin. Cette noble figure brille de la triple auréole du génie, de la vertu et du martyre. Loin de diminuer, elle grandit d'âge en âge. Les efforts tentés pour l'abaisser la relèvent. On la sert en voulant lui nuire. L'humanité s'obstine à compter le Christ parmi ses bienfaiteurs. Elle continue à le regarder comme son héros par excellence. L'admiration des siècles lui est à jamais acquise. Le monde s'inclinera dans l'avenir, comme dans le présent et dans le passé, devant la beauté, la noblesse, l'élévation et la grandeur de son caractère. Ceux mêmes qui s'obstinent à ne pas voir en lui un Dieu, ne peuvent lui refuser l'hommage de leur respect. Son nom est synonyme de la bienfaisance désintéressée, du dévouement sans bornes, de la fraternité humaine poussée jusqu'aux dernières limites du sacrifice, de l'amour pour tous les hommes en général et plus particulièrement pour les humbles, pour les faibles, pour les malheureux, pour les déshérités des biens de ce monde. Les générations futures ne cesseront de redire à sa louange : « Il aima les hommes au point de mourir volontairement pour eux d'une mort infamante. »

Aussi peut-on sans crainte rendre, comme le veut l'équité, justice à tous les philosophes. On ne diminuera ainsi ni le mérite ni la gloire de l'Évangile ou du Christ. Ce sera, au contraire, leur rendre un nouvel hommage. Au reste, c'est au Christ que revient l'honneur des services rendus par la raison humaine et par la philosophie : n'est-il pas « la lumière qui éclaire tout homme venant en ce monde ? »

Or la sévérité dont le cardinal Gonzalez a usé n'est justifiée ni à l'égard de Platon ni à l'égard des stoïciens.

Platon a eu le mérite de trouver et de poser les principes d'une morale noble et élevée. Il s'est trompé, il est vrai, dans les détails de sa doctrine, et est tombé dans de regrettables erreurs pratiques. Mais on ne saurait, à juste titre, lui en faire un crime. Il n'était point tenu à devancer son siècle, et ses erreurs sont celles de son temps et surtout des temps antérieurs.

L'homme, en effet, a eu à conquérir et le monde physique et

le monde moral. Il n'a connu d'abord, dans l'ordre matériel, que la force musculaire. Il se servit uniquement de la sienne et de celle des animaux. Plus tard, il a reconnu et utilisé la force de la pesanteur, des cours d'eau et des vents. Au moyen âge, il a découvert la force expansive des gaz et la force magnétique. De nos jours enfin, il a trouvé et appliqué la force de la vapeur et de l'électricité. On s'en glorifie à bon droit, mais nul ne songe à reprocher aux savants du dix-septième siècle, par exemple, de n'avoir pas eu nos connaissances sur ce point.

Il en a été dans l'ordre moral comme dans l'ordre matériel. Les légendes nous présentent l'homme primitif comme plongé dans une profonde nuit morale. Le sacré et le profane n'existaient pas pour lui. Il ne connaissait ni le droit ni le devoir. Il n'avait la notion ni du bien ni du mal. Ce fut l'œuvre des poètes, ministres et interprètes des dieux, de le tirer peu à peu de cette ignorance.

L'histoire, d'accord sur ce point avec les légendes, nous montre à plusieurs reprises l'éveil de la conscience et nous fait suivre, à travers les siècles, le progrès des idées morales.

Ainsi, primitivement, dans l'ordre politique, au milieu des dangers de tout genre dont on est entouré de tous côtés, la collectivité est tout. Elle absorbe à son profit l'universalité des droits. L'individu n'est rien. Sa personnalité se perd dans l'existence collective. Il ne réclame ni ne se reconnaît aucun droit personnel. C'est assez pour lui de vivre. Il se doit avant tout au salut général. Peu à peu, au fur et à mesure que la société grandit et devient forte, que la sécurité augmente, que l'on a moins à craindre au dehors ou au dedans, la conscience individuelle s'éveille, on commence à se croire des droits, on tend à les revendiquer, à restreindre les prérogatives du pouvoir public et à affirmer de plus en plus sa personnalité. Cette œuvre ne s'accomplit toutefois ni en un jour ni en un siècle. Elle n'était guère avancée du temps de Platon. Sa théorie des idées disposait mal, d'ailleurs, ce philosophe en faveur de l'individualisme. Aussi eut-il tort de sacrifier l'individu à la collectivité et de continuer à faire trop grande la part de l'Etat. Mais cette erreur ne lui est point personnelle : elle est celle des siècles antérieurs ; elle est encore celle de ses contemporains.

Presque partout, au reste, on n'avait reconnu, dans le passé, de droits ni à la femme ni à l'enfant. Ils dépendaient, l'une et l'autre, du bon plaisir du mari ou du père. Leur liberté et leur vie étaient entre les mains de celui-ci ou de celui-là. Bien plus, la femme avait commencé par être moins qu'une esclave. Elle avait été une simple chose et avait appartenu à la communauté. Maintenant, elle était à un seul, il est vrai ; mais les temps n'étaient pas encore venus où elle devait être et où elle serait l'égale et la compagne de l'homme. Il serait donc injuste d'imputer à Platon seul les erreurs de tous, de l'en rendre exclusivement responsable, de lui refuser, en le condamnant, le bénéfice des circonstances atténuantes.

Il était réservé au stoïcisme de proclamer les droits de l'individu. Il se refusa à reconnaître plus longtemps la collectivité comme la règle et la mesure du bien. Il réserva ce privilège à la raison individuelle. Son œuvre, quoique grande, était encore incomplète. Le christianisme la continuera. L'Etat cessera d'être avec lui, sous la toute-puissance des Césars, la règle et la mesure de la vérité religieuse. Enfin, le dix-huitième siècle protestera hautement contre l'absorption, au profit de quelques privilégiés, des droits de tous et de chacun, et revendiquera pour tous les hommes l'égalité civile et politique. Et ainsi l'histoire nous fait assister successivement au triple éveil de la conscience humaine, religieuse, politique et civile.

Le stoïcisme a eu la gloire d'être le promoteur de cet éveil. Mais, tout en proclamant la raison juge souveraine du droit et du devoir, du bien et du mal, il en aurait mal interprété les sentences ou les préceptes. Le cardinal Gonzalez se complaît à énumérer contre lui, à ce sujet, une série de griefs. A l'en croire, il y aurait eu, dans la morale stoïcienne, des détails révoltants (1). Si le fait était vrai, il prouverait seulement combien il est difficile de sortir de certaines erreurs. Car les infamies prêtées au stoïcisme seraient un héritage légué par un passé de plusieurs siècles. L'humanité en aurait été souillée dans les temps les plus reculés, et les aurait regardées comme naturelles. Ce serait seulement peu à peu, avec le progrès des idées, qu'elle s'en serait éloignée et les aurait condamnées. Encore n'aurait-elle jamais, au moins en Grèce, en dehors des rares initiés aux mystères de Diane, connu la pudeur idéale. Rien toutefois ne nous autorise à regarder comme fondés les reproches adressés au stoïcisme. Ses erreurs en morale ne nous sont attestées que

(1) Id. ibid., t. I, p 357, 358 (note).

par Sextus Empiricus. Or, on ne saurait accepter que sous toutes réserves, surtout en une matière aussi grave, le témoignage de ceux qui, comme lui, font profession de douter de tout et de ne croire à rien. Enfin les stoïciens ont en leur faveur, en cette circonstance, les vertus de leur vie, et, pour plusieurs à Rome, l'héroïsme de leur mort.

Les préventions du traditionaliste et du chrétien, chez le cardinal Gonzalez, peuvent donc, à juste titre, nous paraître injustes. Elles le sont moins peut-être, toutefois, que celles du scolastique.

La scolastique représente, comme méthode, la forme syllogistique, et, comme doctrine, l'enseignement théologique et philosophique du moyen âge. L'Eglise, au sortir d'une barbarie de plusieurs siècles, eut à donner à son enseignement une forme scientifique. Un système de métaphysique lui était dès lors nécessaire. Ses docteurs se trouvèrent en présence de celui de Platon et de celui d'Aristote. Ils jugèrent celui-ci plus parfait et le préférèrent à celui-là. Ils l'adoptèrent en conséquence pour l'explication de nos dogmes et en firent le fondement de leur enseignement (1). L'Eglise, néanmoins, ne prétendit point l'imposer. Elle reconnut toujours à chacun le droit d'en prendre un autre. Elle-même n'a jamais entendu aliéner sa liberté à cet égard. Elle n'a nullement lié au sort du péripatétisme les destinées de sa propre doctrine. Elle pourrait, si elle le jugeait à propos, rejeter le système de ses anciennes préférences et faire un nouveau choix.

La scolastique, après une période de brillants succès, ne tarda pas à décliner. Nous avons eu l'occasion, au cours de ce travail, d'en signaler la décadence. Elle est restée longtemps en discrédit. De nos jours, quelques théologiens ont voulu la remettre en honneur. Ils ont créé une nouvelle école et ont pris ou reçu le nom de néo-scolastiques. Saint Thomas est devenu leur auteur de prédilection ; ses œuvres sont l'objet de leurs études ; ils se font les apôtres et les propagateurs de sa doctrine. Pour eux, il n'y a eu et il n'y a qu'une seule philosophie : la sienne. Tout ce qui s'en rapproche les trouve indulgents ; tout ce qui s'en éloigne excite la rigueur de leur sévérité. La philosophie moderne ne rencontre, par suite, chez eux aucune bienveillance.

(1) Id. ibid. t. II, p. 124. « Le second caractère (de la philosophie scolastique) est l'incorporation progressive de la philosophie d'Aristote à la philosophie chrétienne. »

Ils sont pour elle des juges prévenus et hostiles. Il ne faut pas leur demander de lui rendre justice : ils la condamnent tout entière, sans appel et sans réserves. Il ne saurait y avoir rien de bon en elle, et le seul remède contre l'anarchie intellectuelle présente, dont elle est la mère, c'est le retour pur et simple à la philosophie du moyen âge, à la philosophie de saint Thomas.

Le malheur est que la langue de saint Thomas n'est plus très intelligible pour nous. Quelques mois ne sauraient suffire pour nous en donner la pleine intelligence. Il nous faudrait plusieurs années pour nous familiariser avec elle. Le temps nous manquerait pour faire une pareille étude. Et la langue n'est point tout : il reste encore la doctrine. Elle non plus n'est pas facile à saisir et à comprendre. La preuve en est dans les divergences capitales entre ses interprètes les plus autorisés, et dans leurs querelles interminables, sans cesse renaissantes, jamais apaisées.

Enfin saint Thomas n'a pu tout connaitre ; bien des choses ont dû lui échapper ; il n'a pas eu tous les éléments nécessaires pour traiter et pour résoudre toutes les questions ; de nouveaux problèmes ont été soulevés depuis lui ; la philosophie a fait, dans les temps modernes, de réels et incontestables progrès : il conviendrait d'en tenir compte.

Il est vrai, le parti pris ne se rencontre pas au même degré chez tous les néo-scolastiques. Il en est parmi eux de moins déraisonnables. La modération d'esprit de quelques-uns — du cardinal Gonzalez par exemple — contraste avec l'exagération de quelques autres. Mais tous ont une préférence marquée pour Aristote. Ce philosophe bénéficie de la haute estime en laquelle ils tiennent saint Thomas. Ils ont sa métaphysique en honneur. Elle n'a pas pour eux une simple valeur historique et relative : elle en a une réelle et absolue. Elle n'est pas seulement la meilleure à leurs yeux : elle est encore la seule vraie.

De là, même chez les plus modérés, une véritable partialité pour son auteur contre ses adversaires ou même ses rivaux. Le cardinal Gonzalez ne fait pas exception à la loi générale : ses jugements sur Descartes, sur Platon et sur Aristote en sont la preuve.

Descartes n'a jugé suffisantes ni l'autorité d'Aristote ni celle de la scolastique. Il a préféré à l'une et à l'autre l'évidence. Il a a donné, avec une méthode nouvelle, une nouvelle métaphysique.

Il a soulevé ainsi d'implacables colères et contre sa personne et contre sa doctrine.

On ne lui pardonne pas d'avoir voulu se rendre rationnellement compte de ses opinions et de ses croyances. Il ne lui était pas permis, semble-t-il, de songer à contrôler l'enseignement de ses maîtres. C'était pour lui un devoir de le respecter avec une docilité d'automate. Son indépendance intellectuelle parait criminelle. Sa conduite s'explique seulement par des motifs peu dignes. On met en cause même ses intentions. Son entreprise, téméraire en elle-même, dénote autre chose que la modestie. Il n'a pas obéi, en se livrant à ses recherches, à une curiosité naturelle ni à un besoin légitime de son esprit : il a cédé simplement à un mouvement de vanité. Il ne désirait pas, au fond, s'instruire : ce qu'il voulait, c'est apparaître comme un novateur original et comme le fondateur d'une philosophie nouvelle et complète (1), tandis que, en réalité, en plus d'une occasion, il a été un vulgaire plagiaire (2) Il n'a pas, au reste, le courage des grandes âmes nécessaire aux savants, aux philosophes, aux hommes de génie et aux héros. Il y a, au contraire chez lui, une « prudence ressemblant à s'y méprendre à une pusillanimité doublée d'hypocrisie » (1).

Sa tentative n'avait pas de raison d'être. La nécessité ne s'en faisait pas sentir. Descartes n'apportait presque rien de nouveau au monde. A ce point de vue, son œuvre manque d'originalité. Elle contient, en réalité, peu de choses neuves (2). D'autres avaient déjà mis en évidence l'importance scientifique de l'observation psychologique, et avaient posé et résolu le problème de la certitude. Bien avant le XVIIe siècle, on avait reconnu, dans le problème psychologique et dans le problème théologique, le résumé du problème fondamental et l'objet essentiel de la philosophie (3). La physique cartésienne est la réédition de la physique d'Epicure. Bien plus, les idées de Descartes ne pouvaient, dans leur majeure partie, passer pour nouvelles auprès de ses contemporains (4). Et là où ce philosophe semblerait être

(1) Id. ibid. t. III, p. 206, 208.
(2) Id. ibid. t. III, p. 206.
(3) Id. ibid. t. III, p. 206.
(4) Id. ibid., t. III, p. 223, 224, 225.
(5) Id. ibid., t. II, p. 91.
(6) Id. ibid., t. III, p. 224.

le plus original, il est simplement l'écho, relativement inconscient, des idées et des tendances de son siècle (5). Son système abonde en contradictions (6). Ils n'est pas facile d'en faire un exposé clair et méthodique. Aussi son œuvre fut-elle d'abord stérile. Ses recherches philosophiques restèrent sans résultat (7 C'est au siècle suivant et au nôtre qu'elles devaient porter leurs fruits. Le cartésianisme, suspect aux meilleurs esprits du temps, a été depuis funeste. C'est qu'il entraine la négation de l'ordre moral (8). Le panthéisme, le scepticisme, le sensualisme et le positivisme de nos jours lui sont imputables. Il en renfermait le germe (9). Ils peuvent, à juste titre, se réclamer de lui.

Certes, Descartes n'est pas à l'abri de tout reproche, on ne saurait l'approuver de tout point, il y a plus d'une réserve à formuler sur sa doctrine. Mais ce n'est le lieu de faire ni son procès ni son apologie. Il suffira de relever l'exagération des attaques dont il est l'objet. Le parti pris s'y révèle avec une trop grande évidence. Les bienséances et l'équité eussent voulu plus de modération.

Descartes, en effet, n'eut rien d'une vanité vulgaire. Il ne s'inquiéta guère de l'estime des hommes. Il faisait même fi des suffrages de la foule. L'opinion des esprits élevés lui importait seule. L'ambition, dans le sens ordinaire de ce mot, n'eut jamais de place dans son cœur. Il se défendit toujours de vouloir prendre part aux affaires publiques. Il se déclarait non apte au gouvernement des hommes. Sa vie se passa dans la retraite et dans l'étude. S'il voyagea, ce fut pour s'éclairer et pour s'instruire « dans le grand livre du monde ». En un mot, il mena une vie essentiellement intellectuelle. La science fut son unique passion. Ce dont il se préoccupa surtout, c'est du problème de la certitude. Il chercha d'abord, pour le résoudre, un principe ou un fait dont il lui serait impossible de douter. Pour lui, l'intelligible se confondait avec le certain, et si, en métaphysique, il adopta le mécanisme, c'est qu'il trouvait la certitude dans les mathématiques.

Sa prudence se comprend et s'explique. La liberté de parole

(1) Id. ibid., t. III, p. 228.
(2) Id. ibid., t. III, p. 206.
(3) Id. ibid., t. III, p. 225.
(4) Id. ibid., t. III, p. 226.
(5) Id. ibid., t. III, p. 222.

en matière même scientifique avait ses dangers. On en eut alors une preuve dans les mésaventures de Galilée. L'exemple de ce savant n'était pas propre à rassurer les esprits. Il devait inspirer une réserve circonspecte plutôt que la hardiesse et l'audace.

Quoi qu'il en soit, les contemporains de Descartes rendirent hommage à sa personne et à sa doctrine. Si le vulgaire le connut peu, le monde savant avait les yeux fixés sur lui. Il le tenait, en Hollande, pour « un non-pareil. » Des religieux, comme le P. de Mersenne, l'honorèrent d'une constante amitié. Christine de Suède ne négligea rien pour l'attirer auprès d'elle. Toute la partie lettrée du dix-septième siècle l'eut en très haute estime. Elle vit en lui un véritable initiateur et non un simple écho. La Fontaine, quoique son adversaire dans la question de l'âme des bêtes, se faisait l'interprète de l'admiration générale quand il disait :

> Descartes, ce mortel dont on eût fait un Dieu
> Chez les payens...

Cette admiration, ne fut pas purement spéculative. Quoique Descartes, dès qu'il cesse d'être géomètre, n'existe pas pour Voltaire dans son *Siècle de Louis XIV*, il n'en eut pas moins comme philosophe, une influence réelle et immédiate. Les plus grands esprits devinrent aussitôt ses disciples. Port-Royal et l'Oratoire suivirent sa philosophie. Bossuet et Fénelon adoptèrent sa doctrine en en corrigeant les erreurs. Ce fut de mode et « du bel air », même parmi les femmes, d'être cartésien. Et le cartésianisme n'eut pas pour unique résultat un engouement passager et frivole, il eut des conséquences sérieuses et durables. Il décida de la vocation et de l'avenir philosophiques de Malebranche. Si le dix-septième siècle fut en France un siècle intellectuel, de haute raison, d'une incontestable grandeur morale, Descartes y contribua pour une large part. Du moins les historiens n'hésitent pas à lui en attribuer en grande partie le mérite et la gloire. Et ils ne parlent pas à la légère. Ce ne sont pas, en général, des spéculatifs, des rêveurs, des déductifs. Ce sont, au contraire, des esprits positifs. Le monde des abstractions n'existe pas pour eux : ils s'occupent exclusivement du concret. Ils ne procèdent guère par syllogismes. Aux arguments à *priori*, ils préfèrent l'étude patiente et minutieuse des faits et des documents, et les leçons de l'expérience. Leur positivisme ne se paye pas de mots ; il leur faut des réalités à l'appui de leurs dires. Ils ignorent peut-être si, théoriquement, le cartésianisme « entraîne la négation de l'ordre moral (1) », mais, de fait, à les en croire, le dix-septième siècle était sur la pente du scepticisme, et s'il s'y arrêta et devint un siècle de foi, l'honneur en revient à Descartes (2).

Platon ne peut avoir été, comme Descartes, un adversaire d'Aristote. C'est uniquement un rival de sa gloire. Il le précède et ne saurait, à aucun titre, être rendu responsable d'une opposition de doctrine, s'il en existe entre eux. On en a relevé une, il est vrai, de bonne heure, et on a même pris plaisir à l'exagérer. De bonne heure aussi, on a cherché à concilier ce qu'il peut y avoir de contradictoire entre nos deux philosophes. Cette tentative, renouvelée au moyen âge (3), a été reprise, non sans succès, de nos jours. Un de nos plus éminents métaphysiciens en résume ainsi le résultat. « Aristote croit être, à l'égard de Platon, dans un rapport d'opposition radicale. Tous deux pourtant admettent que l'être véritable consiste dans l'idée ou dans la forme ; et la seule différence, c'est que, pour Platon, l'idée existe à part, tandis que, pour Aristote, elle ne fait qu'un avec la matière. Or pour nous qui voyons la chose de haut, la différence est petite, au prix de la ressemblance (4). »

Mais les néo-scolastiques sont ennemis de toute conciliation. Ils ne peuvent en être partisans dans l'espèce. L'opposition relevée entre les deux doctrines est réelle à leurs yeux. Il est impossible de la nier ni de l'atténuer. Leur hostilité contre Platon ne peut consentir à désarmer. Ils ne sauraient pardonner à ce philosophe de balancer la gloire de leur idole (5).

Le cardinal Gonzalez a une trop grande élévation et une trop grande largeur d'esprit pour ne pas lui rendre justice. Il se

(1) Id. ibid. T. III, p. 226.
(2) L'impartialité me fait un devoir de reconnaître que M. Ferdinand Brunetière, dans ses *Études critiques de la littérature française* (1891), d'accord sur ce point avec le cardinal Gonzalez et Voltaire, soutient, en contradiction avec MM. Cousin, Nisard, Francisque Bouillier et la généralité des historiens, que l'influence de Descartes et du cartésianisme « a été nulle au XVIIe siècle, excepté peut-être en physique ».
(3) Id. ibid. T. II, p. 164, 169.
(4) Em. Boutroux. *La Philosophie des Grecs*, de Zeller, *Introduction du traducteur*, T. I, p. XLVII. V. Zeller. T. I. p. 161-162.
(5) Déjà Albert le Grand avait à tourner en ridicule ceux qui faisaient d'Aristote une espèce de Dieu. V. cardinal Gonzalez, T. II, p. 230.

c.

montre assez équitable à son égard dans la plus grande partie d'un parallèle entre Aristote et lui (1). Il reconnaît ailleurs à sa doctrine un caractère de véritable grandeur morale (2). Il signale encore sa popularité parmi les Pères de l'Eglise (3). Il ne lui dénie pas non plus une part d'influence au moyen âge et note même ses partisans à côté de ceux d'Aristote (4).

Néanmoins, sa partialité contre lui se trahit en plus d'un endroit. Elle passe sous silence des circonstances atténuantes qui lui sont favorables, elle exagère quelques-unes de ses erreurs, elle lui en prête même d'imaginaires. C'est ce qu'elle fait au moins dans la question de l'esclavage. Elle attribue à Platon les erreurs d'Aristote pour triompher ensuite avec ce dernier et conclure à sa supériorité relative.

Et cependant les idées de Platon sur l'esclavage sont connues. Théoriquement, l'esclavage n'est, selon lui, ni nécessaire, ni naturel (5). Les sociétés primitives reposent sur une division volontaire et libre du travail (6). Les sociétés dérivées comprennent, outre les travailleurs, deux classes dirigeantes : les conseillers et les soldats (7). Les travailleurs font donc encore partie de l'Etat et, par suite, ne sont pas esclaves.

En fait, l'esclavage est inévitable. Il s'agit du moins de le perfectionner. Il y a deux moyens pour y parvenir. Le premier, c'est d'avoir des esclaves de nationalités différentes (8). Comme ils ne parleront pas la même langue, il leur sera plus facile de se résigner à porter le poids de la servitude. Le second moyen, c'est de bien les traiter, non seulement pour eux-mêmes, mais encore plus pour nos intérêts. Le bon traitement consistera à ne point se permettre d'outrages envers eux, et à être, s'il se peut, plus justes à leur égard qu'à l'égard de nos égaux (9).

Aristote, au contraire de Platon, ne sépare pas le théorique du réel. C'est du réel même qu'il dégage sa théorie.

---

(1) Card. Gonzalez, *Histoire de la philosophie*, T. I. p. 325-332.
(2) Id. ibid. T. I, p. 257, 259.
(3) Id. ibid. T. II, p. 41, 49, 55, 63, 64, 70, 71, 78.
(4) Id. ibid. T. II, p. 125, 134, 167, 169, 204, 207, 230, 231, 313.
(5) Platon, République.
(6) Id. ibid. II, 369-373.
(7) Id. ibid. III, 416 P.
(8) Un Grec toutefois ne doit pas être esclave. Rép. V. 469, b.
(9) Rép. VI, 776, b.

Selon lui, l'Etat a pour but le bonheur du citoyen par la vertu (1).

Le citoyen doit être débarrassé des soucis de la vie matérielle. Les esclaves n'ont pas d'autre raison d'être (2).

L'esclavage est donc nécessaire. Il est de plus naturel. L'esclave est au maître comme le corps à l'âme. L'esclave et la femme sont les compléments indispensables de l'homme (3).

L'esclave est donc la chose du maître. Il est la propriété vivante, et le premier des instruments (4).

Il est un être naturellement inférieur. Il n'a pas une âme comme celle de l'homme libre. Supérieur à l'animal parce qu'il comprend la raison, il est absolument privé de volonté (5).

Les esclaves se recrutent par la naissance et par la guerre. Ces deux moyens sont légitimes. La naissance continue l'œuvre de la nature. « La guerre est un moyen naturel d'acquérir, puisqu'elle comprend cette chasse que l'on doit donner aux bêtes fauves et aux hommes qui, nés pour obéir, refusent de se soumettre. »

Dans la guerre, la victoire suppose une supériorité : « La force n'est jamais dénuée de mérite (6). »

Ainsi, d'un côté, Platon n'admet aucune différence naturelle entre l'esclave et l'homme libre ; d'un autre, Aristote regarde l'esclave comme un être de nature inférieure, comme une chose, une propriété, un instrument. « L'esclave, dit-il, est la chose du maître, la propriété vivante, le premier des instruments. »

Les deux théories sont, on le voit, différentes ou plutôt contradictoires. Le cardinal Gonzalez les identifie néanmoins. « L'esclavage, dit-il, est, selon Platon, une institution fondée sur la nature même et légitimée sur l'infériorité de certains individus (7) ». Or, nous venons de le voir, Platon n'a rien dit de semblable ; il a même dit tout le contraire, et ce langage est précisément celui d'Aristote.

Il y a plus encore. Platon reconnaît des droits à l'esclave ; il fait un devoir formel de le traiter convenablement, avec égards,

(1) Aristote, Politique, II, 3.
(2) Polit. VIII, 3.
(3) Polit. I, 1, 10
(4) Polit. I, 2, 4.
(5) Polit. I, 6, 3.
(6) Polit. I, 2, 17.
(7) Card. Gonzalez, Histoire de la philosophie, t. I, p. 253, 324, 330.

selon les lois de la justice. « Il faut, dit-il, s'abstenir de tout outrage envers les esclaves, et être plus juste, si c'est possible, envers eux qu'envers nos égaux. » (1)

Aristote, après les avoir présentés comme des êtres d'une nature inférieure, garde, au contraire, le silence sur leurs droits et sur nos devoirs envers eux. Et cependant « la manière dont on doit, selon lui, les traiter serait, nous dit-on, plus rationnelle et plus humaine que celle de Platon. » C'est explique-t-on, que, d'après Aristote, « il est convenable et juste de fixer un terme à l'esclavage, et d'accorder la liberté à l'esclave dans un délai donné » (2).

Malheureusement, on néglige de nous indiquer les sources originales. Il est impossible de contrôler, par suite, de pareils dires. Mais ce langage ne paraît pas authentique. Aucun texte ne le justifie. Le plus explicite sur la question présente serait le suivant : « Tout despotisme est illégitime, sauf quand le maître et l'esclave sont tels de droit naturel : si ce principe est vrai, il ne faut vouloir régner en maître que sur les êtres destinés au joug d'un maître, et non sur tous les êtres indistinctement (3) ». Or, ces paroles peuvent bien poser comme on l'a prétendu, le principe de l'abolition — au moins partielle — de l'esclavage : elles n'ont ni le sens ni la portée que leur donnerait le cardinal Gonzalez.

La partialité du néo-scolastique en faveur d'Aristote ne s'affirme pas seulement au préjudice de ses adversaires ou de ses rivaux, elle se révèle encore de plusieurs autres manières : elle atténue, tait ou nie même les erreurs de notre philosophe et lui attribue, au contraire, des clartés surhumaines.

Ainsi, dans la question de l'esclavage, il y a une différence de nature affirmée entre l'esclave et l'homme libre. L'un n'a pas une âme comme l'autre. C'est un être intermédiaire entre l'homme et la bête. C'est pourquoi l'esclavage est une chose naturelle.

Ces paroles sont assez explicites, ce semble ; il est difficile de se méprendre sur leur sens ; n'importe : d'après Aristote, nous dira-t-on, la nature et la loi naturelle n'ont point fait les esclaves ; il y a des hommes dont l'âme est naturellement servile, dont les

---

(1) Platon, *Rép.* vi, 776, b.
(2) Cardinal Gonzalez, *Histoire de la philosophie*, t. I, p. 324.
(3) Aristote, *Politique*, iv, 2. 9.

inclinations sont basses, dont la stupidité native atteint un certain degré : pour eux, la sujétion et l'esclavage sont connaturels. Telle est, affirme-t-on, la pensée d'Aristote, quoiqu'il ne soit pas facile de concilier certains textes avec cette interprétation (1).

Pour Aristote encore, Dieu ne connaît rien en dehors de lui ; il ignore le monde et ne peut dès lors s'intéresser à son sort ; il est étranger et indifférent à son existence et à sa conservation ; l'univers, formé sous son influence inconsciente, existe, se conserve et se dirige sans lui ; la Providence est ainsi un vain mot.

C'est ce que le cardinal Gonzalez lui-même ne peut nier (2). Mais il ne reconnaît pas à cette erreur toute son étendue ; il la réduit le plus possible ; il la confesse uniquement pour le monde matériel ; il la conteste et la rejette pour l'humanité (3), et il motive son rejet par un texte, hélas ! sans valeur démonstrative. Les paroles d'Aristote partent d'une hypothèse ; elles déterminent le rôle rationnel de la providence au cas où elle existerait ; elles n'en affirment pas l'existence. « Si, est-il dit, selon la croyance commune, les dieux ont quelque souci des choses humaines, voici ce qu'il serait conforme à la raison qu'ils fissent (4) ».

Parfois le cardinal Gonzalez ne conteste pas l'erreur, il la signale même, mais il n'insiste pas à son sujet, il glisse plutôt et se contente d'exprimer, à son occasion, un blâme ou un regret rapide.

L'idée de Dieu, par exemple, est absente de l'éthique d'Aristote. La morale de ce philosophe est purement rationaliste. Elle a une sanction exclusivement humaine et empirique. Elle a une grande affinité, pour ne rien dire de plus, avec la morale indépendante contemporaine (5). Ce serait, chez Çakya-Mouni, de l'athéisme (6) et la méconnaissance du principe rationnel de toute morale (7), et, chez Descartes, la négation de tout l'ordre moral (8), et le prétexte de longues tirades indignées contre le

---

(1) Cardinal Gonzalez, *Histoire de la philosophie*, t. I, p. 324, 325.
(2) Id. ibid. T. I, p. 313, 314, 333.
(3) Id. ibid. T. I, p. 329, 330, 333.
(4) Id. ibid. T. I, p. 330 (note).
(5) Id. ibid. T. I, p. 324.
(6) Id. ibid. T. I, p. 41.
(7) Id. ibid. T. I, p. 51.
(8) Id. ibid. T. III, p. 226.

virus rationaliste (1). Ici, le manque de l'idée de Dieu et de la vie future fait éprouver « comme un certain malaise et un certain vide (2). » La conception éthique aristotélécienne n'en reste pas moins, dans son ensemble, « vaste, profonde, logique (3). » Elle est, avec et malgré ses défauts, « un magnifique édifice sans couronnement, une statue de Phidias sans tête (4) ».

Il est telle erreur dont on ne parle point. L'esclavage est chose naturelle, nous a-t-on dit. Il a son fondement dans l'infériorité de nature de l'esclave. La guerre, dès lors, le crée et le légitime. La victoire affirme, en effet, la supériorité des vainqueurs. « La force, dit Aristote, n'est jamais dénuée de mérite (5). »

Cette doctrine en rappelle de plus récentes. Nous avons entendu répéter des idées analogues. « Les faits, disait-on, sont l'expression du droit : la force le prime ou plutôt le crée ; la victoire va au plus digne et décide toujours infailliblement de la justice d'une cause. »

Le cardinal Gonzalez n'a pas songé à faire ce rapprochement entre Aristote et Hégel ; il n'a point relevé les maximes d'Aristote ; à plus forte raison a-t-il négligé de les flétrir : qu'il soit permis à un vaincu de 1870 de regretter et de réparer cet oubli !

Mieux vaut peut-être encore ce silence que certaines négations ou affirmations audacieuses.

Aristote, nous dit-on, n'affirme pas toujours en termes assez précis l'immortalité de l'âme (6). Son langage sur cette question manque quelquefois de la clarté désirable (7). En réalité, il a des textes en apparence contradictoires. L'immortalité, telle qu'il semble l'entendre, ne comporte ni la mémoire, ni la sensibilité, ni la facilité de raisonner. Elle n'a, dès lors, plus rien d'individuel. Elle équivaut à une simple survivance impersonnelle (8).

---

(1) Id. ibid. T. III, p. 22?.
(2) Id. ibid. T. I, p. 334.
(3) Id. ibid. T. I, p. 334.
(4) Id. ibid. T. I, p. 335.
(5) Aristote, *Politique*, I. 2. 17.
(6) Cardinal Gonzalez, *Histoire de la philosophie*, t. I, p. 333.
(7) Id. ibid. T. I, p. 288.
(8) V. Janet et Séailles, *Histoire de la philosophie* : Les *Problèmes et les Ecoles*, p. 898. On y trouvera un exposé fidèle de l'historique de la question, les textes invoqués de part et d'autre, leur discussion impartiale et l'indication de la conclusion à tirer des débats.

Et ce qui le confirme, c'est que l'idée même en est entièrement absente de la morale aristotélicienne (1).

Néanmoins, pour le cardinal Gonzalez, Aristote enseigne, à n'en pas douter, l'immortalité de l'âme (2) ; quoique les vicissitudes et les lacunes de ses œuvres nous privent peut-être des passages les plus explicites, il a suffisamment prouvé cette vérité (3) ; ainsi que l'atteste Photius, il l'admet comme Platon et, sur ce problème, il y a, entre le disciple et le maitre, l'accord le plus parfait (4). Les scolastiques sont à peu près unanimes à cet égard (5). Si les philosophes de la Renaissance et des temps modernes pensent autrement, il n'y a pas lieu de tenir compte de leur témoignage : ils sont de mauvaise foi et ont à cœur de servir avant tout les intérêts de leur matérialisme (6).

Ce mode de discussion est peut-être très scolastique : il n'est ni de mise ni justifiable dans une œuvre de science. Une simple affirmation ne suffit pas pour résoudre un problème quelconque. L'autorité de Photius et des scolastiques n'a pas, dans l'espèce, la valeur de celle des anciens philosophes. La fin de non-recevoir opposé au témoignage des philosophes modernes ne peut s'appliquer ni à celui de Plutarque, de Plotin et de Porphyre, ni à celui des Pères de l'Eglise, de saint Justin, de Théodoret, d'Origène, de saint Grégoire de Nysse, de saint Grégoire de Nazianze, de Némésius, ni à celui enfin de quelques scolastiques comme Scot, Hervé et le cardinal Cajetan (7). Elle est d'ailleurs inadmissible en elle-même. La bonne foi se suppose toujours. Il n'est jamais permis de la mettre gratuitement en doute. Il faut, pour la nier, avoir des preuves évidentes. Une telle négation ne serait autrement ni courtoise ni équitable. Elle constituerait un véritable outrage. Or, les injures ne sont pas des raisons, et la courtoisie a été, est et sera toujours une des formes de la justice intellectuelle.

D'ailleurs, non seulement de pareils arguments ne prouvent rien par eux-mêmes, mais on peut encore les retourner contre leurs auteurs. Si les uns nient uniquement pour justifier leur

(1) Cardinal Gonzalez, *Histoire de la philosophie*, t. I, p. 334.
(2) Id. ibid. T. I, p. 288.
(3) Id. ibid. T. I, p. 289.
(4) Id. ibid. T. I, p. 307.
(5) Id. ibid. T. I, p. 290, 291, note.
(6) Id. ibid. T. I, p. 290.
(7) Id. ibid. T. I, p. 210, note.

incrédulité, pourquoi les autres n'affirmeraient-ils pas exclusivement pour confirmer leurs croyances ? Les premiers ont même beau jeu contre leurs adversaires, dont le témoignage est légitimement suspect en cette circonstance : il est favorable à leur chef, à leur maître.

Telle est donc la force des préjugés d'école : ils peuvent égarer et rendre injustes les esprits les plus droits et les plus équitables ! Ils font même céder devant eux les préjugés de milieu et de religion.

Le cardinal Gonzalez, sous l'influence des tendances traditionalistes de son siècle, a atténué en plusieurs circonstances, après l'avoir reconnue, la puissance de la raison humaine. Au contraire, comme néo-scolastique, il l'exagère en faveur d'Aristote. A l'en croire, ce philosophe aurait entrevu la grande idée de la création (1), et aurait fait consister le bonheur de l'homme après la mort dans la contemplation intellectuelle de Dieu, c'est-à-dire dans quelque chose d'analogue à la vision béatifique (2).

Des rapprochements de personnes et de doctrines ont irrité, non sans raison, le catholique. Le néo-scolastique, en présence de deux systèmes philosophiques, n'en donne pas moins toutes ses préférences au moins chrétien des deux. Ce n'est pas assez : il s'acharne contre le moins éloigné du christianisme, et garde toute son indulgence pour l'autre.

La doctrine de Platon a, en effet, une grande analogie avec la doctrine chrétienne ; celle d'Aristote n'en a aucune. Autant même Platon se rapproche de l'Évangile, autant Aristote s'en éloigne et lui est opposé.

La bonté de Dieu, sa providence universelle, le détachement terrestre, l'amour du bien, la nécessité de la purification et de l'expiation, la vie future où chacun sera traité selon ses mérites : telles sont, en résumé, dans l'ordre naturel, les principales vérités évangéliques.

Or, pour Platon, si Dieu est intelligence, il est aussi amour. Les plantes, les arbres, les animaux, les hommes lui doivent l'être et sont l'objet de sa sollicitude. Sa bonté a organisé, sinon créé, le monde. Elle le conserve, le dirige, veille sur lui, y fait régner l'ordre et y dispose tout pour le plus grand bien des

---

(1) Id. ibid., t. I, p. 310, 329.
(2) Id. ibid., t. I, p. 317 et même page note.

hommes. Se détacher du monde terrestre, se purifier de ses souillures même antérieures à cette vie, expier ses fautes ou dans la vie présente ou dans la vie future, telle est la destinée de l'homme. « Soyez parfaits comme votre Père céleste est parfait », ou agissez ainsi « afin d'être comme votre Père céleste », dit l'Évangile. Et Platon avait déjà dit : « La loi de l'homme est de devenir de plus en plus semblable à Dieu ». C'est sans doute ce qui faisait dire à saint Augustin, en parlant des néo-platoniciens : « Nul, plus qu'eux, ne se rapproche de nous » (1).

Le Dieu d'Aristote est tout intelligence. Il vit, dans son égoïsme solitaire, étranger au reste des êtres. Il ignore les hommes et les néglige. La grandeur de ses perfections ne lui permet ni de nous connaitre ni de s'intéresser à nous. Ce n'est point lui qui songerait jamais à donner son Fils pour le salut du genre humain. Ce don serait d'ailleurs inutile. Il n'y a ni expiation ni rachat à faire. Il n'y a pas lieu non plus de se purifier. La souillure morale n'existe pas. L'homme doit vivre conformément aux lois de sa nature. C'est, dès lors, sagesse de se servir des biens de ce monde. Le plaisir a son prix. C'est folie d'en abuser; c'est sottise d'y renoncer et de s'en priver. L'abus porte avec lui son châtiment. C'est là toute la peine du vice, du désordre ou de l'excès. L'usage modéré trouve de même en lui sa récompense. Il n'y a pas de vie future où l'on ait une peine à subir ou une récompense à recevoir.

N'est-ce pas la négation du christianisme ? Et ne serait-ce point pour cette raison que, ignoré des premiers Pères (2), connu seulement dans l'Eglise au IVe siècle (3), suspect d'abord au moyen âge (4), condamné même par un évêque (5), Aristote eut besoin, pour vaincre les préjugés répandus contre lui, des efforts, de l'autorité, du génie d'Alexandre de Halès, d'Albert le Grand et de Saint Thomas (6), et qu'il ne cessa d'avoir des détracteurs ou des adversaires parmi les scolastiques?

(1) Id. ibid., t. II, p. 78. *Multi nobis, quam isti, propius accesserunt.*
(2) Id. ibid., t. II, p. 40.
(3) Id. ibid., t. II, p. 42, 49, 50, 101, 102.
(4) Id. ibid., p. 178, 202.
(5) Id. ibid., p. 202.
(6) Id. ibid. p. 203.

VIII

Malgré ces réserves, l'œuvre du cardinal Gonzalez n'en reste ni moins grande ni moins belle. Elle n'en est pas moins une œuvre de science et de foi. Elle est véritablement un hommage rendu à l'utilité de l'histoire de la philosophie. Son auteur renoue, de même que le cardinal Hergenrœther, la chaîne de la tradition avec les savants cardinaux du xv° et du xvi° siècle. Son érudition et sa modération d'esprit sont, malgré des défaillances inévitables, dignes d'éloges. Sa lecture est doublement instructive et a une utilité à la fois théorique et pratique. La connaissance des systèmes est, en elle-même, le moindre de ses résultats. La manifestation de la nature de l'esprit humain et des lois de son développement est autrement féconde dans ses conséquences.

L'esprit humain est une force : c'est, dès lors, un devoir de ne le condamner ni à l'inertie ni à la passivité, mais de l'exercer et de le faire agir.

Il est une force progressive ; il n'a atteint ni n'atteindra jamais, à aucun moment de l'histoire, ses bornes extrêmes : il ne faut pas, dans un injuste et superbe dédain du présent et de l'avenir, se renfermer dans l'admiration et dans l'étude exclusives d'une partie quelconque du passé.

Il se développe peu à peu, graduellement, sans transition brusque; chacun de ses progrès, amené par un autre, en prépare à son tour un nouveau ; chaque génération concourt pour sa part au progrès général ; les plus humbles penseurs eux-mêmes y contribuent dans les limites de leur impuissance : il ne faut, dans un sot orgueil et dans l'enivrement des conquêtes récentes, ni mépriser ni négliger entièrement les siècles antérieurs.

Les défaillances mêmes du cardinal Gonzalez ont leur enseignement.

Malgré sa droiture, malgré sa largeur de vues, malgré son désintéressement des choses de ce monde, malgré une vie consacrée tout entière à la prière, aux bonnes œuvres et à l'étude, cet esprit éminent a subi, dans une certaine mesure, des influences de temps, de croyances religieuses, d'école.

Il est donc bien difficile de s'y soustraire pleinement ! C'est une raison de plus de redoubler pour soi de vigilance dans la recherche de la vérité, et d'user d'une sévérité de plus en plus grande dans son examen de conscience intellectuelle.

La réserve dans les jugements et l'indulgence envers les autres s'imposent dans ces conditions.

L'erreur est sans doute condamnable en elle-même. Mais il n'est pas toujours facile de la discerner. Elle est souvent relative. Même les systèmes de métaphysique n'ont pas, dans toutes leurs parties, un caractère absolu d'erreur ou de vérité. Ce sont, sur bien des points, de simples hypothèses pour expliquer la formation des êtres. Leur valeur est plus ou moins grande selon le degré de leur accord avec les données de la science. Il faut se garder de les prendre à la lettre et d'en faire la mesure du vrai ou du faux. Encore moins convient-il de vouloir, en toutes choses, se prononcer et imposer aux autres ses propres impressions. C'est souvent sagesse de savoir suspendre son jugement et douter. Si le doute est la maladie des esprits cultivés, il est aussi une partie de leur force. L'ignorance ne doute jamais, elle croit savoir, elle se prononce sans crainte où le savant hésite ou se tait. Elle est, malgré le caractère relatif de la vérité en bien des circonstances, absolue dans tous ses jugements. Tout est vérité dans ce qu'elle admet, tout est erreur dans ce qu'elle rejette ou condamne.

La difficulté d'arriver au vrai absolu, démontrée par la nature des choses et par l'histoire, doit contribuer à nous rendre indulgents.

L'indulgence intellectuelle n'est pas uniquement, d'ailleurs, œuvre de savoir-vivre, de courtoisie mondaine, ou de lâcheté humaine : elle est encore un résultat de l'expérience et un acte de justice. Nous portons en nous des causes multiples d'erreurs; nous en trouvons autour de nous; nous ne cessons d'être sous leur influence depuis nos premières années ; l'âge en crée sans cesse de nouvelles; chaque jour nous l'apprend par une douloureuse expérience : tout, jusqu'à nos habitudes d'esprit, à nos études personnelles, à notre genre de vie, contribue à nous induire en erreur. Mais s'il est si facile de se tromper, si nous sommes tant de fois si peu responsables de nos erreurs, pourquoi être si sévères pour celles des autres ? Et pourquoi n'avoir pas pour les défaillances de l'esprit un peu de cette indulgence que nous ne refusons pas aux faiblesses de la volonté ? L'Evangile serait-il sans pitié pour les unes, alors qu'il pardonne si facilement les autres ? Mais non ; l'Evangile, inflexible pour la mauvaise foi ignorante des Pharisiens (1), n'a pas un mot amer pour l'erreur des Sadducéens habitués, dès leur enfance, à nier la vie future (2), ni pour celle des apôtres produite par leur inintelligence de l'Ecriture sainte ? Le Christ, enfin, est venu pour évangéliser les pauvres, pour instruire les ignorants, pour éclairer les peuples assis à l'ombre des ténèbres de la mort (3). Il a donné, par une vie passée au milieu de l'ignorance et de l'erreur, l'exemple par excellence de la pitié et de l'indulgence intellectuelles. Ceux qui sont ou croient être en possession de la vérité, ne sauraient mieux faire que marcher sur ses traces. Ils devraient surtout se garder de toute imputation injurieuse. Les injures n'éclairent guère ; elles n'ont aucune force démonstrative ; elles peuvent se retourner contre leurs auteurs ; elles trahissent toujours la faiblesse ou d'une cause ou de ses avocats ; elles aigrissent souvent, et, loin de rapprocher de la vérité, en éloignent. Et au contraire, la courtoisie est un indice de force ; elle provoque la réflexion ; elle ne diminue en rien la valeur des preuves données ; et si elle ne convainc point, du moins elle ne blesse, n'irrite, ni ne concourt à égarer personne. Et peut-être si les âmes éclairées, désireuses d'assurer le triomphe de la vérité parmi les hommes, donnaient, dans leurs ouvrages de polémique scientifique, morale ou religieuse, l'exemple d'une urbanité équitable, l'esprit d'indulgence et de justice s'introduirait-il peu à peu dans le monde des idées et passerait-il un jour, selon une loi de notre être, du domaine de la pensée dans celui des mœurs, et la justice intellectuelle entraînerait-elle la justice sociale. (4)

F. GARILHE.

(1) Matth. XII, 18 ; XXIII, 13-30 ; Marc, XII, 15, 38-40 ; Luc, XX, 23.
(2) Matth, XXII, 23-33 ; Marc, XII, 18-27 ; Luc., XX, 27-38.
(3) Matth. IV, 6.
(4) Mgr d'Hulst me paraît avoir donné, dans son article sur M. Renan, un exemple et un modèle de ce que devrait être la polémique religieuse. Le docte et sage prélat a montré excellemment comment on peut concilier la vérité et la courtoisie, la justice et la charité.

Le lecteur me permettra de lui signaler ici quelques ouvrages qui auraient pu être cités plus à propos dans le cours de cet article.

Ces ouvrages, traduits de l'allemand, font partie de la savante collection publiée sous le titre de « Bibliothèque théologique du XIXe siècle », V. Palmé, éditeur.

Ce sont :
LA DOGMATIQUE, par le docteur *M. J. Scheeben*, 4 volumes in-8° ;
L'HISTOIRE DES DOGMES, par le docteur *Joseph Schwane*, t. 1, in-8° ;
LA PATROLOGIE, par le docteur *Alzog*, 1 vol. in-8° ;
L'HISTOIRE DE L'ÉGLISE, par le cardinal *Hergenrœther*, 8 vol. in-8°.

Tours, Imprimerie E. MAZEREAU, E. SOUDÉE, Successeur.

TOURS, IMPRIMERIE E. SOUDÉE

www.ingramcontent.com/pod-product-compliance
Lightning Source LLC
LaVergne TN
LVHW050619090426
835512LV00008B/1569